Sheila Lavery / Pippa Duncan

Meditationen
für die
Schwangerschaft

Sheila Lavery / Pippa Duncan

Meditationen
für die
Schwangerschaft

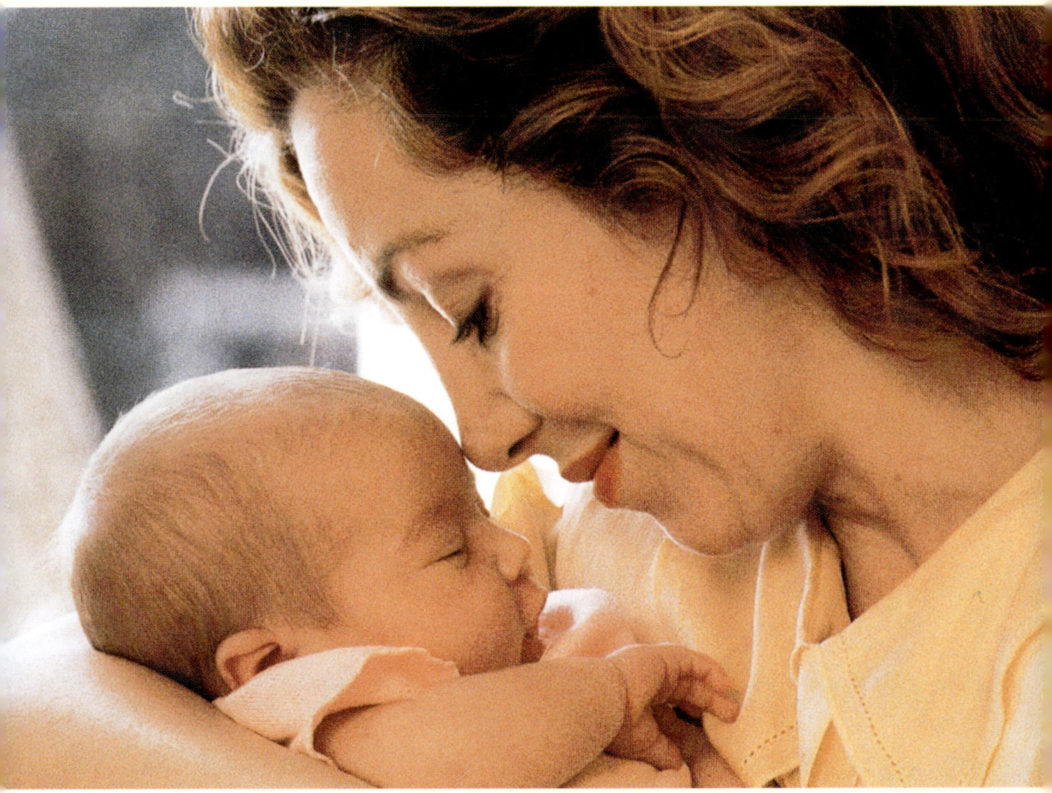

Verlag Hermann Bauer
Freiburg im Breisgau

Die Deutsche Bibliothek – CIP-Einheitsaufnahme

Ein Titeldatensatz für diese Publikation ist bei
Der Deutschen Bibliothek erhältlich.

Die englische Originalausgabe erschien 2000 bei
Carroll & Brown Ltd., 20 Lonsdale Road, Queen's Park,
London NW6 6RD, Großbritannien,
unter dem Titel *meditations for your pregnancy*
© 2000 Carroll & Brown Ltd.
© Text 2000 Sheila Lavery & Pippa Duncan

Aus dem Englischen von Dr. Donate Pahnke

1. Auflage 2002
ISBN 3-7626-0863-6
© für die deutsche Ausgabe 2002 by
Verlag Hermann Bauer GmbH & Co. KG, Freiburg i. Br.
www.hermann-bauer.de
Das gesamte Werk ist im Rahmen des Urheberrechtsgesetzes geschützt.
Jegliche vom Verlag nicht genehmigte Verwertung ist unzulässig.
Dies gilt auch für die Verbreitung durch Film, Funk, Fernsehen,
fotomechanische Wiedergabe, Tonträger jeder Art,
elektronische Medien sowie für auszugsweisen Nachdruck.
Satz: Fotosatz Reinhard Amann, Aichstetten
Druck und Bindung: LEGO
Printed and bound in Singapore

Inhalt

Warum sollten Sie meditieren? 7

Was ist Meditation? 8

Wie Sie meditieren 17

Grundelemente der Meditation 18

Wie Sie Ihren Fokus finden 23

Wie Sie mit Ihrem Partner meditieren 34

Wie Sie eine Meditation beenden 36

Vor der Empfängnis 39

Wie Sie sich entspannen 40

Wie Sie Ihre Fruchtbarkeit fördern 42

Fruchtbarkeitsbehandlungen 44

Die Bedeutung Ihrer Partnerschaft 46

Wie Sie gesund leben 48

Das erste Drittel der Schwangerschaft 51

Das neue Leben willkommen heißen 52

Die optimale Entwicklung Ihres Babys 54

Keine Angst vor einer Fehlgeburt 56

Wie Sie in guter Verfassung bleiben 58

Die ersten körperlichen Beschwerden 60

Wie Sie Ihren Seelenfrieden finden 62

Meditation für allein erziehende Mütter 64

Das zweite Drittel der Schwangerschaft 67

Geburtsvorbereitung für Paare 68

Rückenschmerzen und Beschwerden 70

Die Vorsorgeuntersuchungen 72

Das Geschlecht Ihres Kindes 74

Vertiefen Sie die Verbindung zu Ihrem Baby 76

Wie Sie Stress reduzieren 78

Entwickeln Sie ein positives Körpergefühl 80

Das letzte Drittel der Schwangerschaft 83

Wie Sie nachts gut schlafen 84

Freuen Sie sich aufs Muttersein 86

Sich auf die Wehen einstellen 88

Wie Sie Ihr Baby auf die Geburt vorbereiten 90

Was die Schmerzen lindert 92

Wenn das Baby da ist 95

Die Feier der Geburt 96

Was Sie für Ihre Gesundheit tun können 98

Sie sind eine gute Mutter! 100

Der Baby-Blues 102

Wieder zu Kräften kommen 104

Die Stillzeit 106

Jetzt sind Sie eine Familie 108

Nützliche Adressen 110

Stichwortverzeichnis 110

Danksagung 112

Warum sollten Sie meditieren?

Wenn Sie eine Schwangerschaft planen oder wenn Sie bereits schwanger sind, stehen Sie vor einer der schöpferischsten und inspirierendsten Erfahrungen Ihres Lebens und zugleich vor einer großen Herausforderung. An einem Tag strotzen Sie vor Gesundheit, am nächsten fühlen Sie sich schwindlig, müde und ohne irgendeinen bestimmten Grund weinerlich.

Um das Beste aus Ihrer Schwangerschaft zu machen, müssen Sie lernen, auf Ihren Körper zu hören, Ihre Gefühle zu respektieren, sich bei Bedarf ein Nickerchen zu gönnen (ohne Schuldgefühle) oder auch dem plötzlichen Drang, das Kinderzimmer einzurichten, zu folgen. Meditation kann Ihnen dabei eine große Hilfe sein. Sie hilft Ihnen, sich zu entspannen und aufs Wesentliche zu konzentrieren und trägt dazu bei, dass Empfängnis, Schwangerschaft und die Geburt Ihres Kindes so wunderschön wie nur möglich verlaufen.

Vielleicht haben Sie ja gewisse Vorbehalte gegenüber dem Meditieren, aber es ist eigentlich gar nichts so Seltsames oder Schwieriges. Es geht einfach darum, einen ganz natürlichen Zustand entspannter Konzentration zu erreichen, der für jeden Menschen leicht zugänglich ist. Meditieren hilft Ihnen, Ihren Körper gesund zu erhalten und all Ihre Sorgen in Zuversicht zu verwandeln,

so dass Ihr Baby auf die natürlichste Weise heranreift wird, die es sich nur wünschen kann.

Dieses Buch vermittelt Ihnen die verschiedensten Meditationstechniken speziell für die Empfängnis, die Schwangerschaft und die Geburt. Sie stammen aus vielen verschiedenen Quellen, angefangen von alten Traditionen bis hin zu den modernsten Praktiken der Geburtshilfe und Geburtsvorsorge. Das Ziel ist, Ihnen Entspannungstechniken an die Hand zu geben, die nicht nur für Ihre Schwangerschaft hilfreich sind, sondern Ihnen auch in spiritueller und emotionaler Hinsicht gut tun. Einige der Meditationen brauchen Zeit, Abgeschiedenheit und ein wenig Übung. Andere sind ganz kurz und können überall ausgeführt werden – auf dem Weg zur Arbeit, im vollen Wartezimmer Ihrer Ärztin oder beim Kochen. Sie helfen Ihnen, entspannt und gelassen durch den Tag zu gehen.

Ein Mystiker des zwanzigsten Jahrhunderts, Osho, sagte einmal: »Meditation ist nichts anderes, als nach Hause zu kommen und in sich selbst Ruhe zu finden.« Wir hoffen, dass dieses Buch Sie dazu anregt, vor, während und nach Ihrer Schwangerschaft regelmäßig zu meditieren, damit Sie jeden Tag das Gefühl haben, nach Hause zu kommen und einen kleinen Ruheplatz in sich selbst zu finden.

Was ist Meditation?

Meditation ist ein Sammelbegriff für Techniken, die Geist und Körper durch die Kraft der Konzentration zur Ruhe kommen lassen und erfrischen. Sie wird meistens als ein Zustand der »entspannten Achtsamkeit« beschrieben. Anders als im Schlaf oder bei anderen Entspannungstechniken entspannt sich in der Meditation der Körper, während der Geist vollkommen wach bleibt. Während der Meditation kommt das ständige »Gedankengeratter« zur Ruhe. Ein Zustand der Stille und der tiefen Versenkung tritt ein, der Sie von Spannungen befreit, Ihnen und Ihrem Kind gut tut und ganz allgemein Ihre Lebensqualität erhöht.

Menschen meditieren aus den unterschiedlichsten Gründen: um sich zu entspannen, um ihre geistige und körperliche Gesundheit zu fördern, um Seelenfrieden, tiefe Konzentration, Kreativität oder Einsichten über sich selbst zu erlangen. Meditation kann auch spirituellen Zwecken dienen. Mystikerinnen und spirituelle Führer glauben, dass Meditation der Pfad zu Gott oder zur Erleuchtung ist. Alle großen Weltreligionen halten die Meditation für eine bedeutende spirituelle Methode, aber in den buddhistischen und hinduistischen Traditionen spielt sie die größte Rolle.

Der körperliche Nutzen der Meditation besteht vor allem darin, dass sie die so genannte »Entspannungsreaktion« hervorruft (ein Fachbegriff, den Dr. Herbert Benson geprägt hat, Professor an der *Harvard Medical School* und Vorsitzender des *Mind/ Body Medical Institute*; siehe auch Seite 13), was schädliche Stressfolgen im Körper mildert. Vorübergehender Stress kann durchaus einen positiven Einfluss haben. Er versetzt uns in die Lage, die Herausforderungen des Lebens zu meistern, schwierige Entscheidungen zu treffen und unsere Kreativität zu entfalten. Aber viele von uns leben in einem wahren Dauerstress, der dem Körper niemals die Möglichkeit zur Entspannung gibt.

Der traditionelle Lotossitz oder der hier gezeigte halbe Lotossitz ist bei östlichen Buddha- oder Yogi-Statuen üblich, fällt westlichen Menschen aber oft nicht leicht.

Warum brauchen wir Entspannung?

Chronischer Stress ist gesundheitsschädlich. Tatsächlich glauben manche Ärzte, dass bis zu 90 Prozent aller Gesundheitsstörungen auf Stress zurückzuführen sind. Zum Teil liegt das an den physiologischen Veränderungen, die in unserem Körper ablaufen, wenn wir auf eine wahrgenommene Gefahr mit der so genannten »Kampf-oder-Flucht«-Reaktion antworten. Dabei schütten die Adrenalindrüsen Hormone aus, die das Herz schneller schlagen lassen. Die Atmung beschleunigt sich und das Blut wird aus den dann unwesentlicheren Organen (wie zum Beispiel dem Verdauungssystem) in die Muskeln und Gliedmaßen gelenkt, um den Körper in die Lage zu versetzen, entweder standzuhalten und zu kämpfen oder schleunigst den Rückzug anzutreten. Wenn die Gefahr dann vorüber ist, stellt sich im Körper wieder die natürliche Ausgewogenheit ein.

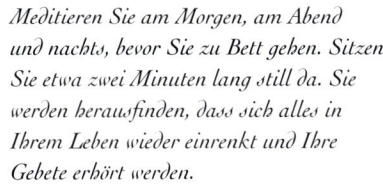

Meditieren Sie am Morgen, am Abend und nachts, bevor Sie zu Bett gehen. Sitzen Sie etwa zwei Minuten lang still da. Sie werden herausfinden, dass sich alles in Ihrem Leben wieder einrenkt und Ihre Gebete erhört werden.

YOGA SWAMI, POSITIVE GEDANKEN FÜR DIE TÄGLICHE MEDITATION

Während eine solche Körperreaktion einer physischen Bedrohung gegenüber völlig angemessen ist, eignet sie sich für die Stressbewältigung in unserer heutigen Welt, in der Stress meist als Gefühlsüberforderung oder in Form von Angst auftritt, denkbar wenig. Aber der Körper macht keinen Unterschied, wenn er auf Stresssignale reagiert. Am Ende eines harten Arbeitstages wird sich im Körper eine hohe Aktionsspannung mit den dazugehörigen Stresshormonen aufgebaut haben. Aber die Spannung wird nicht aufgelöst und so bekommt der Körper keine Chance, sich wieder zu normalisieren. Dieser negative Einfluss auf unsere Gesundheit führt zu erhöhtem Blutdruck, was auch in der Schwangerschaft oft vorkommt, zu Magengeschwüren, geistiger Erschöpfung, Muskelschmerzen, einer Schwächung des Immunsystems und vielen anderen Beschwerden.

Was passiert während der Meditation?

Meditation ist einer der effektivsten Wege, Körper und Geist in einen Zustand tiefer Ruhe zu versetzen. Meditieren hilft uns nicht nur, mit Stress fertig zu werden, sondern hebt auch die Folgen der Kampf-oder-Flucht-Reaktion auf. Messungen mit einem Instrument, das ein Elektroenzephalogramm (EEG) erstellt, also die elektrischen Impulse im Gehirn misst, zeigen, dass während der Meditation die Aktivität der linken Gehirnhälfte (die mit dem logischen, verbalen, linearen und zeitbezogenen Denken verknüpft ist) abnimmt. Die Aktivität der rechten Gehirnhälfte (die mit der Intuition und dem ganzheitlichen, kreativen Denken verbunden ist) steigt dagegen an. Diese Veränderung scheint die verbal bedingten Anforderungen ans Gehirn abzuschwächen, Anforderungen, die uns von anderen auferlegt werden oder die wir an uns selbst stellen. Daher schalten wir beim Meditieren unsere normalen Denkgewohnheiten ab, sind weniger selbstkritisch und können ohne Schuldgefühle zur Ruhe kommen.

Während der Meditation werden gleichermaßen die Gehirnwellen des Schlaf- wie des Wachzustands aktiviert. Während der Geist vollkommen bewusst, klar, scharf und konzentriert bleibt, wird der Körper in einen Entspannungszustand versetzt, der dem Tiefschlaf ähnelt. Als natürliche Reaktion auf diese Veränderungen der Gehirnwellenaktivität laufen auch die Körperfunktionen anders ab. Das sympathische Nervensystem, das für körperliche Stressreaktionen zuständig ist, wird ausgeschaltet und das parasympathische Nervensystem, das für Ruhe und Entspannung sorgt, wird eingeschaltet. Wenn dieses komplexe Nervennetzwerk, das mit jedem Organ und jeder Körperfunktion verbunden ist, zur Ruhe kommt, kann sich der ganze Körper wieder normalisieren. Der Stoffwechsel und die Atmung verlangsamen sich, weil das Blut nicht mehr so schnell durch den Körper gepumpt werden muss. Herzschlag und Blutdruck sinken, die Verdauung schaltet auf normal, der Cholesterol- und Stresshormonspiegel sinkt, die Immunfunktion wird verstärkt. Auch der Angstpegel sinkt beträchtlich. Diese Art der Tiefenentspannung versetzt uns in einen erholsamen und heilsamen Zustand.

> **MYTHEN ÜBER DIE MEDITATION**
>
> ✦ Meditation ist kein Mittel der Weltflucht. Wir meditieren, um in der Welt besser zu funktionieren, nicht um ihr zu entfliehen.
> ✦ Zu meditieren heißt nicht, einzuschlafen oder in Trance zu gehen.
> ✦ Es hat nichts mit einer Kultpraxis oder etwas Unnatürlichem zu tun.
> ✦ Es bedeutet nicht, einfach nur zehn Minuten lang stillzusitzen, sondern es erfordert das bewusste Bemühen, zugleich entspannt und wachsam zu sein.
> ✦ Es hat nichts mit Egoismus zu tun. Die Zeit, die Sie in der Meditation verbringen, ist eine Investition in Gesundheit und Glück.
> ✦ Meditation ist kein Ersatz für ärztliche Hilfe.

Die Meditation während des Schwangerschaftsjahrs

Jeder viel beschäftigte Mensch wird Gewinn aus der Meditation ziehen. Besonders schwangere Frauen werden sie als wahre Wohltat empfinden, wenn sich ihr Körper, ihre Gefühle und ihr Lebensstil auf die Mutterschaft einstellen.

Der körperliche Nutzen der Meditation

Die Entspannung, die durch Meditation herbeigeführt wird, bewirkt einen Zustand natürlicher Harmonie, der die besten Bedingungen für ein heranreifendes Baby und eine schwangere Frau schafft. Der positive Effekt lässt sich sogar schon vor der Schwangerschaft nutzen, denn die Meditation kann auch bei Empfängnisproblemen helfen.

Stress ist eine häufige Ursache für die Unfruchtbarkeit von Männern und Frauen. Er scheint die Fortpflanzungsfähigkeit herabzusetzen, während sich bestimmte Hormone, die Kortikosteroide, als eine Art »eingebautes Verhütungsmittel« erwiesen haben, das den Eisprung der Frau und die Spermaproduktion des Mannes behindert. Indem Meditation den Stress reduziert und seinen Einfluss auf die Körperchemie abschwächt, kann sie eine wirksame Hilfe bei stressbedingter Unfruchtbarkeit sein.

Forschungsergebnisse zeigen, dass dank der Meditation die Abhängigkeit von Zigaretten, Drogen und Alkohol, die sich negativ auf die Fruchtbarkeit und auf das Baby auswirken, vermindert oder sogar ganz überwunden werden kann. Genauso wichtig ist es gerade in der Schwangerschaft, dass Meditation den Blutdruck senken, Muskelschmerzen lindern, den Schlaf fördern und die Energien wieder aufladen kann.

Der psychologische Nutzen der Meditation

Menschen, die regelmäßig meditieren, stimmen darin überein, dass sie dadurch kreativer, aktiver und produktiver werden. Meditation stärkt Ihr Konzentrationsvermögen und Ihre Fähigkeit, unwichtige oder blockierende Gedanken und Gefühle auszuschalten. Das kann Ihnen ganz neue Ressourcen erschließen, Ihr Selbstwertgefühl und Ihren Identitätssinn stärken und Ihnen das Gefühl geben, dass Sie mit Ihren Problemen besser fertig werden. Gerade werdenden Müttern hilft diese geistige Haltung dabei, die Ängste, die häufig während der Schwangerschaft auftreten, zu reduzieren und über eine eventuelle Wochenbettdepression hinwegzukommen.

Reduziert Stress, sorgt für Entspannung, regt die Kreativität an, fördert den Schlaf

Vertieft die Atmung, hilft bei Kurzatmigkeit, die häufig in der 16.–20. Woche auftritt, und bei den Wehen

Senkt den Blutdruck und reduziert das Risiko einer Präeklampsie

Verbessert die Blutversorgung des Verdauungstrakts, hilft bei Morgenübelkeit und Verstopfung

Bringt Ihrem Kind Entspannung

Reduziert Muskelverspannungen und Rückenschmerzen

Vielleicht mehr als alles andere führt Meditation zu einem tiefen Gefühl des Friedens, das auf sämtliche Bereiche des Lebens ausstrahlt. Sie bringt Klarheit und Ordnung ins seelische Befinden und baut spirituell auf. Menschen, die meditieren, sind tendenziell weniger aggressiv und eher bereit, sich nach einem Streit wieder zu vertragen. Das ist äußerst hilfreich, wenn Ihre Beziehung die typischen Veränderungen durchläuft, die eine bevorstehende Elternschaft mit sich bringt (siehe auch »Die Bedeutung Ihrer Partnerschaft«, Seite 34–35). Außerdem unterstützt der für die Meditation charakteristische ruhige Besinnungsprozess in jedem Stadium der Schwangerschaft die Kommunikation und die tiefe Verbundenheit mit Ihrem Baby.

Wie fühlt man sich beim Meditieren?

Meditation wird oft als »veränderter Bewusstseinszustand« bezeichnet, was für manche Menschen vielleicht etwas seltsam klingt. In Wirklichkeit ist es ein ganz natürliches Gefühl, das sogar unbewusst aufkommen kann. Wenn Sie ganz entspannt sind und vollkommen in einer Tätigkeit aufgehen, zum Beispiel ganz versunken ein Buch lesen, erleben Sie den Geisteszustand der Meditation.

Wenn Sie mit dem Meditieren beginnen, haben Sie ein überwältigendes Entspannungsgefühl, fast als ob Sie in den Schlaf hinübergleiten würden. Vielleicht schlafen Sie ja sogar ein!

Mit ein bisschen Übung werden Sie aber auch in der Entspannung geistig klar bleiben können. Manchmal kommen in der Meditation unerwünschte Gedanken oder Gefühle hoch. Ein Teil der Meditationskunst besteht darin, diese Gedanken einfach an sich vorüberziehen zu lassen, als wären sie Wolken am Himmel. Versuchen Sie nicht, sie anzuhalten oder ihnen nachzugehen, lassen Sie sie einfach kommen und gehen. Ihr Körper fühlt sich zunächst vielleicht schwer an, wird dann aber ganz leicht und fließend. Ihre Atmung wird sich verlangsamen, zwischen den Atemzügen werden Pausen eintreten, und da beim Entspannen Blut aus der Muskulatur in die Haut zurückgeleitet wird, könnte Ihre Haut zu prickeln beginnen.

Wie lernt man zu meditieren?

Es gibt viele Meditationsmethoden – die beliebtesten Techniken sind rechts aufgeführt. Sie alle haben das gemeinsame Ziel, einen Zustand tiefer, wohltuender Ruhe in Ihnen auszulösen. Nicht jede Methode ist für jeden gut, deshalb sollten Sie ein paar davon ausprobieren und diejenige herausfinden (oder eine Kombination aus mehreren), die Ihnen persönlich am meisten zusagt. Die Meditationsübungen in diesem Buch bieten Ihnen eine große Vielfalt an ganz unterschiedlichen Zugängen.

DIE VIELEN GESICHTER DER MEDITATION

✦ **Die Transzendentale Meditation (TM)**
Die TM ist bei uns wahrscheinlich die bekannteste Form der Meditation. Sie wurde in den fünfziger Jahren von einem heiligen Mann aus Indien, Maharishi Mahesh Yogi, in den Westen gebracht. Sie ist für die leichte Anwendung in unserer geschäftigen modernen Welt gedacht und unterscheidet sich von anderen Meditationsformen durch den Gebrauch eines individuellen Mantras – eines kurzen Satzes –, auf den Sie ohne Anstrengung Ihre Aufmerksamkeit richten können, so dass alle anderen Gedanken unwichtig werden. Die TM kann man nur von einem Lehrer lernen, der auch das Mantra für jeden seiner Schüler aussucht, der es wiederum für sich behalten soll. Im Unterschied zu anderen Mantra-Meditationen werden in der TM nur Mantras ohne Bedeutung benutzt, weil richtige Worte wegen ihres Bezugs zu bedeutsamen Bildern oder Erinnerungen zu leicht ablenken könnten. Medizinische Meditationsforschung wurde häufig auf der Grundlage der TM betrieben, wahrscheinlich weil die TM nach klaren Vorgaben unterrichtet wird und so der Wissenschaft gut zugänglich ist.

✦ **Die buddhistische Meditation**
Viele Meditationstechniken basieren auf einfachen buddhistischen Praktiken, insbesondere auf der »Achtsamkeitsatmung« und der Metta Bhavana (»Entwicklung liebevoller Aufmerksamkeit«). Bei der ersten Technik konzentrieren Sie sich auf Ihre Atmung und zählen die Atemzüge, um den Geist von allen Gedanken zu befreien. Dann benutzen Sie die Metta Bhavana, um sich auf einen glücklichen Augenblick in Ihrem Leben zu besinnen und hernach diese Glückseligkeit in die Gegenwart zu bringen und auf sich selbst und andere zu übertragen. In einer zwanzigminütigen Meditation würden Sie vielleicht jeweils fünf Minuten

damit verbringen, diese Glückseligkeit zunächst auf sich selbst zu richten, dann auf eine Freundin, danach auf jemanden, der Ihnen gleichgültig ist, und schließlich auf jemanden, den Sie nicht mögen. In ähnlicher Weise können Sie einen speziellen Satz wie »Möge es mir gut gehen, möge es dir gut gehen« fortlaufend wiederholen. Die buddhistische Meditation kann sich auch auf kleine Gegenstände wie Blumen, Muscheln oder Kerzen konzentrieren.

✦ **Die klinisch standardisierte Meditation (CSM)**
Dies ist die derzeit modernste Form der Meditation. Sie beruht auf traditionellen Meditationsmethoden, ist aber frei von allen spirituellen Bezügen. Sie wurde von der Psychologin Dr. Patricia Carrington für den möglichst einfachen Gebrauch entwickelt. Wie in den traditionellen Methoden werden auch hier der Atem, sich wiederholende Klänge oder Worte oder andere einfache Konzentrationshilfen benutzt, jedoch ohne jede Anstrengung, Zeitvorgabe oder vorgegebenes Atemmuster. Diese Methode passt sich unterschiedlichen Lebensstilen und Bedürfnissen flexibel an und ist jederzeit praktizierbar: im Sitzen, im Liegen oder sogar auf dem Weg zur Arbeit. Die Meditationszeit liegt zwischen zehn und vierzig Minuten pro Tag.

✦ **Die Eins-Atmungs-Methode**
Diese von Dr. Herbert Benson entwickelte Technik kommt, wie die CSM, ursprünglich aus dem medizinischen Bereich. Für die Durchführung braucht man etwas mehr geistige Disziplin. Sie sitzen ganz bequem, entspannen sich, konzentrieren sich auf Ihren Atem und wiederholen das Wort »eins« jedes Mal, wenn Sie ausatmen. Die Konzentration liegt auf der Verbindung zwischen der Atmung und dem Wort »eins«.

Die therapeutische Veränderung wird durch die Erfahrung der Meditation selbst bewirkt, nicht durch die Technik, welche die Erfahrung ermöglicht.

DR. PATRICIA CARRINGTON

Finden Sie Ihre eigene Meditation

Manche Leute halten sich an eine spezielle Meditationstechnik, andere entwickeln ihre eigene Technik, die ihren persönlichen Bedürfnissen entspricht. Dabei sollten Sie aber auf folgende grundlegende Elemente achten: Nehmen Sie sich jeden Tag Zeit für die Meditation. Wählen Sie die richtige Umgebung und die richtige Körperhaltung (diese kann von Tag zu Tag wechseln, abhängig vom Zweck Ihrer Meditation und vom Stadium Ihrer Schwangerschaft). Finden Sie einen Weg, Muskelverspannungen zu lösen. Konzentrieren Sie sich auf ein einzelnes Wort, einen Satz oder einen Gegenstand, um Ihren Geist zur Ruhe zu bringen, und ignorieren Sie alle störenden Gedanken. Diese Elemente bilden die Grundlage für alle Übungen in diesem Buch. Sie sind auf den folgenden Seiten näher ausgeführt.

Ihr Erfolgsgeheimnis

Der erste und wichtigste Schritt zu einer erfolgreichen Meditationspraxis ist die bewusste Entscheidung, meditieren zu lernen. Doch in der ersten Zeit kann auch die begeistertste Anfängerin manchmal ungeduldig werden oder den Mut verlieren. Deshalb sollten Sie die folgenden Punkte im Sinn behalten, wenn Sie Ihre Chancen, erfolgreich zu meditieren, verbessern wollen:

- *Glauben Sie daran, dass Sie es schaffen. Sie brauchen kein besonderes Talent dafür. Jeder Mensch kann meditieren, auch wenn es einigen leichter fällt als anderen.*
- *Bewahren Sie sich Disziplin und Hingabe, das macht den ganzen Unterschied zwischen Erfolg und Misserfolg aus. Die Techniken mögen einfach sein, aber der menschliche Geist ist es nicht. Sie brauchen Geduld und Übung, wenn Sie sich auch nur eine Minute lang, ohne sich ablenken zu lassen, auf ein Wort oder ein Bild konzentrieren wollen.*
- *Wenn Sie eine Methode gefunden haben, die gut funktioniert, bleiben Sie ihr treu.*
- *Versuchen Sie, einen besonderen Platz in Ihrem Haus oder Garten zu finden, an dem Sie gerne meditieren, und machen Sie ihn zu Ihrem Heiligtum.*
- *Üben Sie regelmäßig. Man meditiert nicht so, wie man bei Kopfschmerzen ein Aspirin nimmt, sondern sollte das Meditieren zur Routine werden lassen. Üben Sie möglichst zweimal täglich zur selben Zeit.*
- *Beginnen Sie damit, fünf Minuten lang zu meditieren, und steigern Sie dann schrittweise bis auf zwanzig Minuten. Sie können sich zur Kontrolle einen nicht zu lauten Küchenwecker stellen oder die Meditation einfach dann beenden, wenn Sie sich dafür bereit fühlen. So werden Sie bald ein gutes Zeitgefühl entwickeln.*

Wie Sie meditieren

Buddhistische Mönche verbringen viele Jahre damit, ihre Meditationspraxis zu vervollkommnen. Die neuere Forschung hat jedoch ergeben, dass man auch schon innerhalb weniger Wochen beachtliche Erfolge erzielen kann, wenn man täglich mit einfachen Techniken übt. Das liegt daran, dass Meditation eher ein Weg als ein Ziel ist. Der Weg eines jeden Menschen ist einzigartig, jede Station bietet etwas Besonderes und kein Weg ist »der einzig richtige«. Weil keine Technik bei allen gleichermaßen gut funktioniert, müssen Sie bei der Entscheidung, was für Sie das Beste ist, mehrere Dinge beachten.

Zuerst müssen Sie einen Fokus finden. Dafür gibt es viele Möglichkeiten, wie zum Beispiel, Ihre Atemzüge zu zählen oder ein Mantra zu benutzen. Als Faustregel gilt, dass Sie das aufgreifen sollten, wozu Sie sich instinktiv hingezogen fühlen. Falls der eine Weg nicht funktioniert, probieren Sie einfach einen anderen aus. Manchmal beginnen Leute mit dem Weg, der ihnen zunächst am einfachsten erscheint – für gewöhnlich ist das das Atemzählen –, und finden dann später heraus, dass ein Mantra oder eine Visualisierung effektiver ist. Der sicherste Weg, den Erfolg einer Methode zu testen, ist die Frage, ob Sie sich nach der Meditation besser fühlen als vorher. Falls ja, liegen Sie richtig. Wechseln Sie dann lieber nicht zwischen verschiedenen Techniken hin und her, sondern bleiben Sie Ihrer bevorzugten Methode treu, wenden Sie sie täglich an und ersetzen Sie alle Techniken, die wir in den Übungen beschreiben, durch Ihre eigene Methode.

Bereiten Sie Ihren Körper und Ihren Geist auf das Erlernen der Meditation vor. Versuchen Sie zu meditieren, wenn Sie sich wach und ausgeruht fühlen, und trinken Sie möglichst schon einen Tag vorher keinen Alkohol. Sie sollten auch eine Stunde zuvor nicht rauchen, essen oder koffeinhaltige Getränke zu sich nehmen, weil sich all das auf Ihre Stimmung auswirkt. Sorgen Sie für eine rundherum unterstützende Umgebung.

Später werden Sie herausfinden, dass Meditation überall möglich ist. Wann immer Sie ganz in einer Handlung, einem Gedanken oder einer Vorstellung aufgehen, sind Sie in einem meditativen Zustand. Das heißt, dass Sie während Ihrer Alltagsaktivitäten genauso meditieren können, wie wenn Sie allein sind. Überall in diesem Buch finden Sie einfache, schnelle Übungen, die Ihnen helfen, auch unterwegs zu meditieren. All unsere Informationen sollen Ihnen das Meditieren so leicht wie möglich machen, aber verwirklichen können Sie sie nur selbst. Also machen Sie das, was für Sie am besten funktioniert, und geben Sie nicht auf!

Grundelemente der Meditation

Alle Meditationstechniken haben bestimmte Elemente gemeinsam. Theoretisch können sie auf zwei Grundschritte zurückgeführt werden: Konzentrieren Sie sich auf ein einzelnes Wort, einen Satz, einen Klang, einen Gegenstand oder auf Ihren Atem und ignorieren Sie alle störenden Gedanken und Ablenkungen. Praktisch gesehen sind sich allerdings die meisten Meditationslehrer darin einig, dass es leichter ist, bestimmten Richtlinien zu folgen. Es kann schon reichen, nur einzelne Elemente zu befolgen, wie zum Beispiel, sich eine kleine Weile bequem hinzusetzen. Wenn Sie erst einmal gelernt haben, mit geschlossenen Augen in einem ruhigen Raum im Sitzen zu meditieren, werden Sie immer flexibler werden und auch im Stehen oder beim Spazierengehen meditieren können: mit offenen Augen, in jeder beliebigen Körperhaltung und Situation, sogar im Kreißsaal!

Zeit finden

Manche Leute sträuben sich gegen das Meditieren, weil sie befürchten, es könnte zu zeitaufwändig sein. Das muss aber nicht sein. Betrachten Sie Ihre Meditationszeit einfach als Investition: Sie nehmen sich dafür täglich ein paar Minuten Zeit und können dafür den Rest Ihrer Zeit viel effektiver nutzen. Leute, die regelmäßig meditieren, brauchen oft weniger Schlaf. So könnte es passieren, dass Sie mit der Zeit früher aufstehen und länger aktiv sind.

Eine zweimal täglich fünfzehn bis zwanzig Minuten lang durchgeführte Meditation führt nachweislich zu den besten Erfolgen. Aber wichtiger als sklavisch eingehaltene Uhrzeiten ist es, dass Sie überhaupt jeden Tag meditieren.

Welche Zeit ist am besten?

In Indien wird traditionellerweise morgens zwischen drei und vier Uhr meditiert, weil diese Zeit als die *Brahma Muhurta*, die »Gottesstunde«, gilt. Leute, die diese Regel befolgen, glauben, dass dieser Zeitpunkt so optimal ist, dass dann selbst komplette Anfänger wirksam meditieren können. Das mag allerdings nicht für alle das Richtige sein – und schon gar nicht für schwangere Frauen! Vielleicht ist es besser, wenn Sie morgens gleich früh nach dem Aufstehen und abends direkt vor dem Schlafengehen meditieren. Aber was für eine Zeit Sie auch immer wählen, meditieren Sie unbedingt jeden Tag zur selben Zeit. Haben Sie diese Zeit einmal verpasst, ist es oft schwierig, sie nachzuholen.

Folgende Fragen können Ihnen bei der Entscheidung für eine passende Meditationszeit helfen:

- *Zu welcher Tageszeit sind Sie am wenigsten beansprucht?*
- *Wann sind Sie wahrscheinlich allein und ungestört?*
- *Zu welcher Zeit könnten Sie täglich eine Pause einlegen?*
- *Wenn Ihr Terminplan sehr voll ist: Könnten Sie morgens zehn Minuten früher aufstehen?*

Entspannung

Entspannung ist der Ausgangspunkt für jede Meditation. Bewusste Entspannung vertreibt die Ängste, die Ihre Gedanken so oft zum »Rattern« bringen, und befreit Sie von körperlichen Verspannungen und Schmerzen. Sich willentlich in jeder Situation entspannen zu können, ist nicht nur während der Schwangerschaft von unschätzbarem Wert, sondern hilft auch während der Wehen. Denn Entspannung durchbricht den Kreislauf von Angst, Verspannung und Schmerz und macht die Geburt zu einem freudvollen Erlebnis. Wenn Sie lernen, wie man sich ganz bewusst entspannt, werden Sie sich bald in jeder beliebigen Körperhaltung und Situation schnell entspannen können.

Einfache Entspannung

Am leichtesten lernen Sie, sich zu entspannen, indem Sie einen ruhigen Ort aufsuchen. Stellen Sie das Telefon ab, setzen oder legen Sie sich warm und gemütlich hin und schließen Sie die Augen. Atmen Sie langsam und sanft mit einem Seufzer beim Ausatmen, damit lösen sich Verspannungen im Körper. Sie können auch jeden Körperteil einzeln anspannen und dann wieder locker lassen. Heben und senken Sie zum Beispiel die Schultern und spüren Sie, wo die Spannung sitzt. Atmen Sie aus und lassen Sie dabei die Schultern locker. Beginnen Sie am Kopf oder an den Zehen und gehen Sie dann Ihren ganzen Körper durch. Anfangs, wenn Ihr Adrenalinspiegel absinkt, werden Sie sich vielleicht etwas schläfrig fühlen. Dann halten Sie Ihren Geist durch Konzentration wach, während Ihr Körper sich entspannen darf.

Beobachten Sie, wie es sich anfühlt, entspannt zu sein. Spüren Sie Ihren Atem und konzentrieren Sie sich auf alle Empfindungen, die Sie vorher vielleicht gar nicht wahrgenommen haben. Vielleicht fühlen Sie sich jetzt leicht und gelöst, vielleicht weich und schwer. Vielleicht ist Ihre Haut warm und kribbelt, vielleicht gluckert Ihr Bauch, vielleicht nehmen Sie Farben wahr oder verspüren ein Gefühl des Fließens. Jede empfindet bei der Entspannung etwas anderes, aber immer fühlt es sich gut an. Vielleicht wird Ihr Baby gerade dann besonders aktiv, wenn Sie sich entspannen. Das zeigt, wie empfindsam Ihr Ungeborenes auf jede Veränderung bei Ihnen reagiert. Denken Sie daran, dass auch Ihr Baby von Ihren Entspannungszeiten profitiert.

Sofortige Entspannung

Wenn Sie sich einmal nicht in einen ruhigen Raum zurückziehen können, können Sie die obige Übung auch im Schnelldurchgang ausführen. Denken Sie in diesem Fall einfach nur »Entspannung«, schieben Sie Ihre Schultern nach unten und lassen Sie alle Spannung von Kopf bis Fuß mit einem lauten Seufzer aus Ihrem Körper herausfließen. Oder Sie nehmen drei tiefe Atemzüge und spüren, wie bei jedem langsamen Ausatmen Ihre Schultern weiter heruntersinken, Ihr Bauch weich wird und alle Spannung aus Ihnen herausfließt.

Was ist die beste Körperhaltung zum Meditieren?

Ihr Geist kann nicht zur Ruhe kommen, wenn Sie unbehaglich herumrutschen, deshalb ist eine gute Meditationshaltung wichtig. Es muss gar nicht der Lotossitz sein! Wenn Sie sich zu einer allzu ungewohnten Haltung zwingen, kann das sogar schädlich sein und das Meditieren unmöglich machen. Finden Sie eine Haltung, in der Sie eine Weile bleiben können, ohne unruhig zu werden. Jede der rechts aufgelisteten Körperhaltungen hat eine andere geistige und emotionale Wirkung. Hören Sie auf Ihren Körper und lassen Sie sich von seinen wechselnden Bedürfnissen leiten. Bedenken Sie dabei Folgendes:

- *Machen Sie es sich bequem, aber nicht so bequem, dass Sie einschlafen.*
- *Sitzen Sie entspannt und aufrecht, nicht zusammengesunken oder steif, so dass Ihre Wirbelsäule aufgerichtet ist und Ihr Atem frei fließen kann.*
- *Trachten Sie danach, im Gleichgewicht und »offen« zu sein. Wenn Sie auf einem Stuhl sitzen, überkreuzen Sie Arme und Beine nicht. Öffnen Sie die Hände und lassen Sie sie auf den Schenkeln ruhen, vorzugsweise mit den Handflächen nach oben.*
- *Wählen Sie eine Haltung, die Sie zehn oder zwanzig Minuten lang beibehalten können.*

Versuchen Sie, an einem besonderen Ort, der für Sie einen Bezug zu Ruhe und Entspannung hat, zu meditieren. Lassen Sie dort nichts herumliegen und stellen Sie eine Blumenvase oder ein besonderes Bild auf. Sie können auch ein ätherisches Öl wie zum Beispiel Weihrauch verdampfen lassen. Das hilft, den Atem zu verlangsamen und zu vertiefen, und unterstützt die Meditation.

DIE RICHTIGE KÖRPERHALTUNG

Die folgenden Körperhaltungen passen in jede Schwangerschaftsphase. Experimentieren Sie so lange damit, bis Sie die angenehmste gefunden haben.

✦ Der Lotossitz

Der traditionelle Lotossitz bringt den Körper in eine stabile, ausgewogene Grundposition. Manchen Leuten fällt es leicht, diese Haltung einzunehmen, die ihnen, wie sie sagen, zu wacher Aufmerksamkeit und geistiger Klarheit verhilft. Anderen gelingt es jedoch nicht – und es ist auch keineswegs erforderlich. Der halbe Lotos, wie hier gezeigt, ist leichter und vielleicht gerade für die Spätschwangerschaft besser geeignet.

✦ Auf einem Kissen sitzen

Setzen Sie sich im Schneidersitz auf ein großes, festes Kissen, das leicht nach vorn geneigt ist, damit Sie nicht in sich zusammensinken. Sie können auch ein Keilkissen oder ein spezielles Meditations-bänkchen oder -kissen nehmen. Verschränken Sie die Arme nicht, sondern sitzen Sie aufrecht mit zurückgezogenen Schultern, so dass Ihr Brustkorb sich öffnet und Sie frei atmen können.

✦ Auf einem geraden Stuhl sitzen

Wenn Sie nicht auf den Boden sitzen möchten, können Sie auch einen Stuhl mit gerader Lehne nehmen. Widerstehen Sie der Versuchung, sich auf die nächstbeste Couch oder auf einen Sessel sinken zu lassen, weil Sie dann leicht schlapp und dösig werden. Stellen Sie die Füße etwa schulterbreit auseinander flach auf den Boden und stopfen Sie sich ein Kissen ins Kreuz. Legen Sie die Hände locker in den Schoss oder auf die Knie. Sollte Ihnen diese Haltung mit wachsendem Bauch zu beengend werden, setzen Sie sich vorn auf die Stuhlkante und stellen die Füße etwas weiter auseinander.

✦ Die Rückenlage

Die »Totenhaltung« ist wunderbar, wenn Sie sich schlecht entspannen können. Aber Vorsicht: In dieser Haltung schlafen Sie allzu leicht ein! Legen Sie sich in Rückenlage auf eine Matte oder Wolldecke und lassen Sie sanft alle Spannungen aus Ihren Gliedmaßen herausfließen. Mit fortschreitender Schwangerschaft möchten Sie vielleicht noch ein Kissen unter den Kopf schieben und Ihre Unterschenkel auf einen Stuhl legen oder auch lieber auf der Seite liegen. Letzten Endes sollten Sie in jeder Position meditieren können: im Sitzen, Stehen, Liegen oder Gehen.

Konzentration

Meditation ist das Ergebnis der Konzentration auf einen einzelnen Gedanken, ein Wort, ein Bild oder eine Handlung. Indem Sie sich nur auf eine einzige Sache in der Gegenwart konzentrieren, vergessen Sie Vergangenheit und Zukunft und ziehen sich von allen äußeren Vorgängen zurück. Das klingt zwar recht einfach, aber in der Praxis benötigen Sie viel Aufmerksamkeit und Wachheit, um Ihren Geist fünf, zehn oder zwanzig Minuten lang zentrieren zu können. Im Alltag konzentrieren wir uns meist nur Sekunden auf einen einzigen Punkt. Wenn wir uns zu konzentrieren versuchen, führt oft ein Gedanke zum nächsten und alle möglichen Gefühle und Assoziationen wirbeln uns durch den Kopf. Ohne Konzentration ist keine Meditation möglich, aber das muss gar nicht so schwer sein. Auf den nächsten Seiten beschreiben wir verschiedene Techniken, die Ihnen bei der Konzentration helfen sollen. Folgende Punkte sind dabei wichtig:

- *Wählen Sie einen einfachen Fokus für Ihre Aufmerksamkeit und konzentrieren Sie sich zuerst fünf Minuten, dann schrittweise bis zu zwanzig Minuten darauf.*
- *Zwingen Sie Ihren Geist nicht zur Konzentration. Bleiben Sie zielgerichtet, aber ohne Anstrengung. Widmen Sie Ihre Aufmerksamkeit nur dieser einen Sache und lassen Sie sich nicht ablenken.*
- *Wenn störende Gedanken auftauchen (und das werden sie), versuchen Sie nicht, sie wegzuschieben, sondern lassen sie unbeachtet weiterfließen.*
- *Wenn Ihr Geist umherwandert, bringen Sie ihn sanft wieder auf Ihren Fokus zurück.*
- *Akzeptieren Sie, dass Sie vielleicht nicht auf Anhieb Erfolg haben. Üben Sie weiter!*

Unstrukturiertes Meditieren

Wenn es Ihnen schwer fällt, sich zu konzentrieren, können Sie auch eine unstrukturierte Meditationsform ausprobieren. Dabei denken Sie gewissermaßen um ein Wort, ein Bild, einen Gedanken oder ein Problem »herum«. Wählen Sie einen Bereich Ihres Lebens, der gerade Ihre Aufmerksamkeit braucht. Schauen Sie sich alle dazugehörigen Fakten und alle Gefühle, die auftauchen, genau an. Sie könnten sich zum Beispiel auf die Liebe zu Ihrem Kind konzentrieren und sich fragen: »Wenn ich mein Baby wäre, wie würde ich gerne getragen, geboren, behandelt, geliebt werden?« Oder wenn Sie das Gefühl haben, dass Sie sich selbst vernachlässigen, könnten Sie sich fragen: »Wenn ich die Person wäre, die ich am meisten auf der Welt liebe, wie würde ich mich selbst dann behandeln?« Sie sollten sich dabei nicht in Tagträumen oder freien Assoziationen verlieren, sondern *nur* bei dem gewählten Thema bleiben. Meditieren Sie eine Woche lang täglich zehn bis fünfzehn Minuten lang über dieses Thema und erhöhen Sie die Zeit dann in der zweiten Woche auf zwanzig bis dreißig Minuten. Für viele Menschen ist das ein wunderbarer Weg zur Lösung ganz bestimmter Probleme.

Wie Sie Ihren Fokus finden

In der Meditation wird ein einziger Fokus benutzt, um den Geist zur Ruhe zu bringen und einen Zustand innerer Stille zu erreichen. Alles, was Ihre Aufmerksamkeit gefangen nimmt, kann als Fokus dienen. So kann Sie zum Beispiel ein anrührender Film alles um sich herum vergessen lassen. In der Meditation indes konzentrieren wir uns normalerweise auf einfache Natur-erscheinungen, auf schöne Gegenstände oder auf spirituell bedeutsame Dinge.

Der Atem

Der einfachste und oft beste Fokus für die Meditation ist Ihre Atmung. Die meisten Menschen beginnen mit dem »Atemzählen« oder dem »Atembewusstsein«. So üben Sie, nur eine Sache auf einmal zu tun. Weil Sie dafür nichts anderes brauchen als entspannte Aufmerksamkeit für Ihre eigene Atmung, können Sie das überall, jederzeit und unter allen Um-ständen praktizieren. Der Atem ist dabei rhythmisch, gleichmäßig und natürlich. Ihn zu beobachten hilft den Körper zu entspannen und den

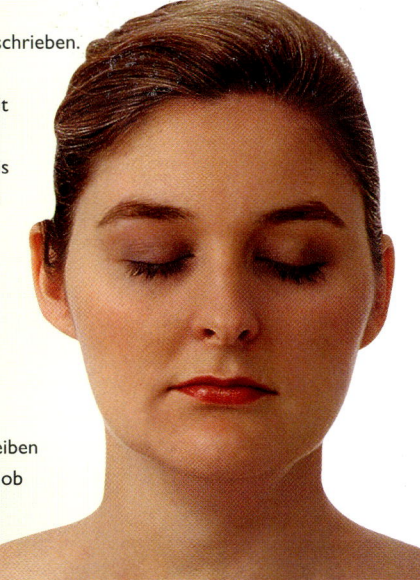

EINFACHES ATEMZÄHLEN

1. Sitzen Sie in bequemer Haltung wie auf Seite 20–21 beschrieben.
2. Stellen Sie sich einen Wecker auf fünfzehn Minuten.
3. Lösen Sie innere Spannungen, indem Sie tief ein- und mit einem Seufzer wieder ausatmen.
4. Konzentrieren Sie sich auf jeden Atemzug. Zählen Sie bis fünf und fangen Sie dann wieder mit eins an. Sie können entweder »eins, zwei, drei … « auf jedes Ausatmen oder auch jedes Ein- und Ausatmen mit »eins, eins … zwei, zwei … drei, drei … « zählen. Wiederholen Sie das, bis die fünfzehn Minuten um sind.
5. Lassen Sie Ihren Körper locker, aber bleiben Sie geistig wach und aufs Atmen konzentriert. Wenn Sie schläfrig werden, richten Sie sich auf.
6. Wenn die Zeit um ist, öffnen Sie langsam die Augen, bleiben aber noch eine Minute sitzen. Spüren Sie in sich hinein, ob Sie sich jetzt anders fühlen als vor der Meditation.

Geist zur Ruhe zu bringen. Alle Entspannungstechniken und Geburtsvorbereitungskurse benutzen Atemtechniken zur Verringerung von Verspannungen, Angst und Schmerzen.

Wenn Sie sich für die Atemzähltechnik auf Seite 23 entschieden haben, versuchen Sie, Ihren Atem nicht zu kontrollieren, sondern nur zu beobachten, wie er in seinem eigenen Rhythmus kommt und geht und durch Ihren ganzen Körper fließt. Entspanntes Atmen ist nicht unbedingt gleichmäßig, also sollten Sie auch nicht gleichmäßig zählen. Versuchen Sie, das Zählen dem natürlichen Muster Ihres Atems anzupassen, anstatt Ihre Atmung nach dem Zählen auszurichten. Denken Sie daran, entspannt und konzentriert zu bleiben. Wenn Ihr Geist herumwandert, lenken Sie ihn sanft zurück. Seien Sie nicht enttäuscht, wenn Sie am Anfang Schwierigkeiten mit der Konzentration haben. Üben Sie einfach weiter — es wird besser werden!

Das Atembewusstsein

Wenn Sie lieber nicht zählen möchten, können Sie auch einfach die Atembewegungen in Ihrem Körper beobachten. Setzen Sie sich entspannt hin und legen Sie eine Hand flach über Ihren Bauchnabel, die andere unter Ihre Brüste. Atmen Sie in den unteren Lungenbereich und von dort aus tiefer in den Bauch hinein. Wenn Sie schwanger sind, lassen Sie die Luft über Ihr Baby hinwegfließen, Ihren Bauch ausdehnen und beim Zurückfließen Ihre Rippen und Schlüsselbeine leicht anheben. Spüren Sie, wie Ihr Atem Sie durchströmt und jeden Teil Ihres Körpers, mit dem er in Kontakt kommt, entspannt, reinigt und erfrischt. Atmen Sie dann langsam von oben nach unten aus und lassen Sie Rippen und Bauch wieder einsinken. Machen Sie das mehrmals, damit Sie spüren, wie sich eine gute Atmung anfühlt.

Nun schließen Sie die Augen und atmen genauso weiter, aber ohne im Geist dem Atem zu folgen. Konzentrieren Sie sich nur auf die Atembewegungen Ihres Bauches, der sich mit jedem Ein- und Ausatmen hebt und senkt. Atmen Sie fünfzehn Minuten lang so weiter und bleiben Sie ganz entspannt und auf Ihren Bauch konzentriert.

Als Alternative setzen Sie sich mit aufgerichteter Wirbelsäule entspannt hin, die Schultern zurückgezogen, die Hände auf den Knien. Schließen Sie die Augen und konzentrieren Sie sich auf Ihre Nasenspitze, und zwar auf jene Stelle, an der Ihr Atem ein- und ausströmt. Bei dieser Meditation atmen Sie zweimal ein und einmal aus: Mit dem Einatmen den Bauch weit machen, Rücken und Seiten füllen, die Luft anhalten, dann noch mal einatmen und den ganzen Brustkorb ausweiten. Nach einer kleinen Pause dann lange und langsam ausatmen. Wieder Pause und danach wiederholen, dabei immer auf die Nasenspitze konzentrieren.

Achten Sie auch sonst gut auf Ihre Atmung. Das entspannte tiefe Atmen, das Bauch und Lungen weitet, wird Ihnen bald zur Gewohnheit werden.

Mantras

Viele Leute finden am besten zu geistiger Ruhe, indem sie ein einfaches Wort, einen Satz oder Klang dazu benutzen, andere störende Wörter oder Gedanken auszuschalten. Der menschliche Geist kann Hunderte von Gedanken pro Sekunde produzieren, aber immer nur einen auf einmal. Wenn man sich also immer nur auf einen einzigen Gedanken konzentriert, befreit man den Geist von störenden Einflüssen und dem ganz normalen »Gedankenstau« des Alltags. Solch ein Wort, Satz oder Klang wird als Mantra bezeichnet, was auf Sanskrit so viel heißt wie »Gedankeninstrument«. In der indischen Philosophie galt ein Mantra einst als ein heiliges Wort oder Satz, es wurde bei Gebeten und Beschwörungen eingesetzt. Noch heute glauben viele, dass ein Mantra die Meditation auf mystischer oder emotionaler Ebene bedeutsamer macht als allein die Konzentration auf den Atem.

Manche Leute glauben, dass ein Mantra eine heilende oder mystische Wirkung haben sollte, wie zum Beispiel der Satz »Gott ist Liebe«, aber Mantras können auch Worte oder Klänge ohne jede konkrete Bedeutung sein. Oft haben sie einen musikalischen oder rhythmischen Klang. Alle Schüler der Transzendentalen Meditation haben ihr eigenes geheimes Mantra, das sie bei jeder Meditation benutzen. Es ist ein harmloses, oft bedeutungsloses Wort ohne psychologische Assoziationen. Dr. Herbert Benson, der die Eins-Atmungs-Methode entwickelt hat (siehe Seite 13), schlägt Wörter wie »eins« oder »Friede« vor oder auch Wörter oder Sätze aus einem Gebet. Lawrence LeShan empfiehlt in seinem Klassiker *Vom Sinn des Meditierens* einen einfachen zweisilbigen Klang wie etwa »Lah-dih«. Man kann sogar selbst ein solches Mantra zusammenstellen, indem man das Telefonbuch auf einer beliebigen Seite aufschlägt und den Finger auf irgendeine Silbe legt, dasselbe auf einer anderen Seite wiederholt und dann die beiden Silben zu einem Mantra verbindet. Letzten Endes ist jedes Wort, das den Geist zentriert, ein Mantra.

Schweigen oder aussprechen?

Wenn Sie sich das Wort »Ruhe« als Mantra ausgesucht haben, können Sie es im Geist wiederholen, ohne es laut auszusprechen. Es gibt aber auch Klänge, die besonders durch ihre Vibrationen wirken. Der Klang »Om« wird oft als Klang der Schöpfung bezeichnet. Wenn Sie laut »Ommmmmm sagen, können Sie spüren, wie Ihre Lippen vibrieren und Ihr ganzer Körper in Resonanz gerät. So entfaltet die Vibration eine Tiefenwirkung auf Geist und Körper.

Welches Mantra ist das richtige?

Am besten wirken einfache, bedeutungslose oder inspirierende Wörter, Sätze oder Klänge. Probieren Sie einmal eins von diesen aus: »Friede«, »Liebe«, »Ruhe«, »Eins«, »Freude«, »Alles ist eins«, »Wir sind eins«, »Om«, »Om Ah«, »Schalom«, »Allah hu«, »Gott ist Liebe«, »Om mani padme hum« (Heil dem Juwel im Lotos) – oder benutzen Sie einfach Ihr eigenes Mantra. Allerdings eignen sich manche Wörter auch *nicht* dazu. So löst zum Beispiel das Wort »Mutter« zu viele Assoziationen aus. Auch die Wörter »Geburt« oder »Baby« sind zu gefühlsbeladen, um Ihren Geist zur Ruhe bringen zu können.

Welches Mantra Sie auch immer wählen, Sie können es den ganzen Tag über verwenden: etwa bei der Hausarbeit, beim Spazierengehen oder im Wartezimmer. Die einfache Wiederholung beruhigt und entspannt Sie sofort.

Wie verwenden Sie Ihr Mantra?

Setzen Sie sich bequem und entspannt hin, konzentrieren Sie sich auf Ihr Mantra und wiederholen Sie es immer wieder. Sie können es laut aussprechen oder zu sich selbst sagen. Manchmal ist es gut, das Mantra am Anfang laut auszusprechen und es dann immer leiser zu flüstern, bis Sie es schließlich ganz verinnerlicht haben. So bekommen Sie ein Gefühl dafür. Vielleicht hilft es auch, das Mantra bei jedem Einatmen oder bei jedem Ein- und Ausatmen zu sagen. Sie können es aber auch unabhängig von Ihrer Atmung aussprechen. In jedem Fall konzentrieren Sie sich so auf Ihr Wort oder Ihren Klang, dass alles andere in den Hintergrund tritt. Wenn Sie unaufmerksam werden, kommen Sie wieder zu Ihrem Mantra zurück und sprechen es laut aus.

Wenn Sie es zu langweilig finden, sich so lange auf ein Mantra zu konzentrieren, und Ihr Geist dabei ins Umherschweifen kommt, zählen Sie einfach wieder den Atem oder probieren eine der auf den folgenden Seiten beschriebenen Techniken aus.

Affirmationen

Affirmationen sind – ähnlich wie Mantras – Worte oder Sätze, die während einer Meditation laufend wiederholt werden. Es gibt aber auch einige grundlegende Unterschiede zwischen diesen beiden Begriffen. Affirmationen sind eher ganze Sätze als einzelne Wörter. Die Worte einer Affirmation haben immer eine Bedeutung und die Bedeutung ist wichtiger als der Wortklang. Die Affirmation bildet nicht selbst den Fokus der Meditation, sondern »begleitet« gewissermaßen eine auf den Atem ausgerichtete Meditation.

Die Psychoneuroimmunologie oder auf Körper und Geist bezogene Medizin geht davon aus, dass positive und negative Gedanken einen direkten Einfluss auf unseren Körper haben. Wenn Sie zum Beispiel Angst vor Schmerzen und Beschwerden haben, werden Sie genau das verspüren. Wenn Sie sich aber selbst sagen, dass Sie gesund und entspannt sind, wird Ihr Körper sich auch entsprechend verhalten. Affirmationen, die in einem entspannten Zustand laufend wiederholt werden, kann das Unterbewusstsein leicht aufnehmen. Das unterbewusste Denken hat einen wesentlich stärkeren Einfluss auf unser Erleben und Empfinden als das bewusste. Und wenn das Unterbewusstsein eine Affirmation erst einmal aufgenommen hat, wird es alles daran setzen, sie auch zu verwirklichen. Stellen Sie sich doch einmal vor, wie hilfreich dieses positive Denken in den Monaten sein kann, in denen Sie sich auf die Geburt vorbereiten und sich vielleicht manchmal müde, unbehaglich oder ängstlich fühlen.

Hier finden Sie ein paar Beispiele für Affirmationen, die Sie einmal ausprobieren können:

> ✳ *Heute ist ein idealer Tag.*
> ✳ *Ich bin (wir sind) glücklich und gesund.*
> ✳ *Ich bin gelassen.*
> ✳ *Ich bin entspannt und in bester Verfassung.*
> ✳ *Ich bin ausgefüllt.*
> ✳ *Ich heiße mein Wunschkind willkommen.*
> ✳ *Ich liebe und bin liebenswert.*
> ✳ *Ich sorge liebevoll für mein Baby.*
> ✳ *Ich bin offen für Wachstum und Veränderung.*
> ✳ *Alles ist gut.*

Wie Sie Ihre eigene Affirmation gestalten

Am wirkungsvollsten ist eine Affirmation, die Sie selbst nach Ihren eigenen Bedürfnissen gestalten. Damit Ihr Unterbewusstsein sie annehmen kann, muss sie positiv, in der Gegenwartsform gehalten und so kraftvoll wie möglich sein. Verwenden Sie starke, aussagekräftige Wörter wie »lebendig«, »kraftvoll«, »stark«, »wunderbar« oder »liebenswert«. Konzentrieren Sie sich auf das, was Sie damit erreichen wollen, und nicht auf das, was Sie vermeiden wollen. Wenn Sie zum Beispiel mit Ihrer Affirmation Ihre Rückenschmerzen lindern wollen, sagen Sie nicht: »Mein Rücken ist schmerzfrei«, sondern lieber: »Ich kann mich herrlich leicht und frei bewegen«.

Affirmationen für die Meditationsvorbereitung

Mit Affirmationen können Sie die Veränderungen, die während der Meditation in Ihrem Körper vor sich gehen, unterstützen. Wenn Sie konzentriert zu sich selbst sagen: »Ruhig und langsam« oder »Ich bin entspannt«, wird Ihr Körper sich darauf einschwingen. Wenn Ihr Körper sich dann entspannt, kann eine Affirmation wie »Ich fühle mich warm und schwer« – wenn sie zutrifft – Ihnen dazu verhelfen, sich Ihrer Körperwahrnehmungen während der Entspannung immer leichter und besser bewusst zu werden.

Affirmationen in der Meditation

Setzen Sie sich bequem hin. Konzentrieren Sie sich auf Ihre Atmung oder den Fluss des Atems in einem bestimmten Körperbereich. Wenn Sie sich entspannt fühlen, beginnen Sie mit Ihrer Affirmation. Denken Sie nicht darüber nach, sondern wiederholen Sie sie einfach, während Sie weiter konzentriert atmen. Sie können die Affirmation Ihrer Atmung anpassen, aber denken Sie daran, dass nicht die Affirmation, sondern die Atmung Ihr Fokus ist. Wenn Ihnen das schwer fällt, setzen Sie so lange mit der Affirmation aus, bis Sie wieder konzentriert atmen. Noch wirkungsvoller kann es sein, wenn Sie Ihre Affirmation mit einer Visualisierung verbinden (siehe Seite 31–32). Wenn Sie die Affirmation »Mein Baby ist gesund und munter« benutzen, stellen Sie sich dabei Ihr Baby vor, kerngesund und einfach vollkommen.

Affirmationen im Alltag

Sie können Ihre Affirmationen auch in jeder Situation einsetzen, in der Sie Ihren Geist positiv beeinflussen wollen. Sie könnten zum Beispiel beim Warten auf Ihre Testergebnisse zu sich selbst sagen: »Alles ist, wie es sein soll«, oder bei Morgenübelkeit Ihren Tag mit dem Satz beginnen: »Heut morgen geht's mir richtig gut«. In solchen Situationen haben Affirmationen einen durchaus positiven Einfluss auf Körper und Geist, wenn sie auch nicht die gleiche entspannte Wachheit hervorrufen wie die Meditation.

Visuelle Meditationshilfen

Wenn Sie lieber mit offenen Augen meditieren, kann Ihnen die Konzentration auf ein schönes Bild helfen, Ihren Geist auszurichten. Das Ziel ist, den Gegenstand in wacher Aufmerksamkeit anzuschauen, aber nicht über ihn nachzudenken. Theoretisch könnte es jeder beliebige Gegenstand sein, aber wie beim Mantra gilt, dass er frei von ablenkenden psychologischen oder gefühlsmäßigen Assoziationen sein sollte.

Traditionellerweise benutzt man ein visuelles Hilfsmittel, das einen symbolischen Wert verkörpert – ein Bild, eine geometrische Form oder ein bestimmtes Muster. Rechts sind einige geeignete Gegenstände aufgeführt. Sie müssen keinen davon nehmen. Aber überlegen Sie, was davon für Sie passt, und legen Sie die gleichen Kriterien auch bei der Wahl ihres eigenen Meditationsobjekts an.

WELCHE VISUELLE HILFE IST GEEIGNET?

Jeder Gegenstand, zu dem Sie sich hingezogen fühlen, kann als visuelle Hilfe dienen. Dabei ist aber seine Symbolik weniger wichtig als seine Fähigkeit, Ihre Aufmerksamkeit zu binden.

✦ Ein Kreis

Dies ist die einfachste und symbolisch reichhaltigste Form. Der Kreis spiegelt die zyklische Natur von Leben und Ewigkeit wider und bedeutet Zeit, Göttlichkeit, Ganzheit und Vollkommenheit. Wenn Sie diese Form benutzen möchten, zeichnen Sie vor einem weißen Hintergrund einen großen schwarzen Kreis von etwa 30 Zentimeter Durchmesser und setzen einen weißen Punkt in die Mitte. Befestigen Sie ihn dann in Augenhöhe an der Wand. Nehmen Sie das ganze Bild in sich auf, während Sie sich auf Ihre Atmung und dann auf den Mittelpunkt des Kreises konzentrieren. Befassen Sie sich nicht mit dem Symbol, sondern schauen Sie einfach die Form an. Es geht nicht um die Symbolik oder um beschreibende Worte, sondern um das tiefe Schauen. Blinzeln Sie, wenn nötig, und wenn Sie abschweifen, kommen Sie sanft wieder zum Kreis zurück.

✦ Andere Formen

Kreuz und Dreieck sind ebenfalls klassische Meditationssymbole. Auch vor dem Christentum stand das Kreuz schon für Harmonie zwischen Gott und der Welt. Das Dreieck symbolisiert Vollkommenheit und die drei Lebensphasen Geburt, Leben und Tod. Diese Formen werden oft mit dem Kreis zu komplexeren Meditationshilfen kombiniert, die man Mandalas oder Yantras nennt (siehe Seite 30). Vielleicht mögen Sie in der Frühschwangerschaft über das Kreuz im Kreis, das Zeichen des Schöpfungsprozesses, meditieren.

✦ Eine Kerze

Eine brennende Kerze steht traditionellerweise für spirituelle Erleuchtung. Konzentrieren Sie sich ganz auf die Flamme und achten Sie auf Form, Farbe, Bewegungen und Helligkeit. Wenn das Licht zu hell ist, konzentrieren Sie sich auf die Flammenspitze. Schließen Sie die Augen, wenn Sie müde werden, behalten das Bild im Bewusstsein und schauen Sie dann wieder hin.

✦ Eine Porzellanvase oder -schale

Farben und Muster auf Porzellan bieten viel fürs Auge und verleiten weniger zu Assoziationen als etwa Fotos mit starkem persönlichem Bezug. Schauen Sie den Gegenstand an und nehmen Sie alles in sich auf: Form, Farben, Linien und Verzierungen – so, als würden Sie das alles zum ersten Mal sehen. Denken Sie nicht über den Gegenstand nach, sondern schauen Sie ihn einfach nur an.

Auf diese Art können Sie auch andere schöne Dinge betrachten. Natürliche Objekte wie Muscheln, Seesterne, Blumen oder Kristalle sind optimal, weil sie so komplex und bezaubernd sind. Auch ein ruhiges Bild eignet sich gut dafür.

Traditionelle Meditationssymbole

In vielen Kulturen und Religionen werden Bilder zur Vertiefung des spirituellen Bewusstseins eingesetzt, aber nur wenige sind so schön wie die buddhistischen und hinduistischen Mandalas und Yantras. Sie symbolisieren sowohl Wandel als auch Beständigkeit in einem geeinten Universum, in dem die Dinge heute so sind, wie sie immer waren und immer sein werden.

Mandalas, abgeleitet vom Sanskritwort für »Kreis«, sind komplexe Schaubilder des Universums in Form eines Kreises. Sie verflechten Bilder der natürlichen und der spirituellen Welt miteinander und unterstützen mit ihrer großen Vielfalt an Symbolen die Meditation auf optimale Art und Weise. Yantras sind Mandalas in anderer Gestalt. Sie bestehen in den meisten Fällen aus rein geometrischen Formen und stellen einen besonderen Aspekt des Göttlichen dar. Das Zentrum bildet in beiden Fällen ein einzelner Punkt, der das innere Selbst, Gott oder das göttliche Bewusstsein verkörpert. Die Kreise sind Sinnbild der Lebenszyklen – das Ganze stellt dar, dass alles Leben aus einem einzigen Mittelpunkt entspringt.

Ein traditionelles, tibetisches Mandala.

Im Zentrum dieses geometrischen Yantras steht das Yin-Yang-Symbol.

Wie Sie ein traditionelles Symbol einsetzen

Mandalas und Yantras sind wegen ihrer Komplexität oft nicht einfach für Meditationsneulinge. Vielleicht ist es besser, mit einem einfachen Kreis anzufangen und erst später zu einem Mandala oder Yantra überzugehen. Sie können auch Ihr eigenes Mandala gestalten, indem Sie einen Kreis mit Formen und Figuren ausfüllen, die für Sie von Bedeutung sind. Halten Sie den Blick auf den Mittelpunkt gerichtet und folgen Sie im Geist den Linien, aber schauen Sie einfach nur hin, ohne zu interpretieren.

Wie Sie ein geistiges Bild benutzen

Die Visualisierung eines Gegenstandes macht es leichter, überall und zu jeder Zeit zu meditieren. Wenn Sie erst einmal ein inneres Bild aufrechterhalten können, lässt es sich stets nach Belieben ins Gedächtnis rufen. Die folgenden Übungen sollen Ihre Visualisierungsfähigkeit vertiefen.

- *Schauen Sie sich einen Gegenstand an und nehmen Sie ihn visuell auf, ohne ihn sich gezielt einzuprägen.*
- *Schließen Sie die Augen und halten Sie das geistige Bild so lange aufrecht, wie es Ihnen ohne Druck gelingt.*
- *Wenn das Bild schwächer wird, öffnen Sie die Augen, schauen wieder hin und wiederholen den Vorgang. Mit ein wenig Übung sollten Sie zumindest den Umriss des Gegenstandes innerlich so verankern können, dass Sie weiter darüber meditieren können.*

Visualisierung

Wenn man sich eine Szene lebhaft vorstellt, kann das genau den gleichen Einfluss auf Körper, Geist, Gefühle und Verhalten haben, wie wenn man sie tatsächlich erlebt. Wenn Sie sich also vorstellen, entspannt und glücklich am Strand zu liegen, kann Sie das wirklich entspannt und glücklich machen. Und wenn Sie sich ausmalen, eine fähige, selbstbewusste Mutter zu sein, kann Ihnen das genau dazu verhelfen. Aber nicht jedes innere Bild macht so etwas möglich. Es muss kraftvoll sein und Sie müssen es so lange festhalten können, wie Sie es benötigen. Das Bild sollte Ihnen aus dem Herzen sprechen, ob es nun realistisch ist oder reine Fantasie. Manchen Menschen fällt das Visualisieren leichter als anderen, aber mit ein bisschen Übung können Sie Ihre Vorstellungskraft immer weiter verbessern.

Visualisierungen in der Meditation

Setzen Sie sich bequem hin, entspannen Sie sich und schließen Sie die Augen. Lassen Sie ein inneres Bild auftauchen. Es kann eine Farbe, eine Blume, ein Lichtpunkt oder eine schöne Landschaft sein – was immer Sie entspannt und glücklich macht. Benutzen Sie das Bild als Fokus. Erkunden Sie es mit allen Sinnen. Wenn Sie sich am Strand »sehen«, spüren Sie die Sonne auf Ihrem Rücken und den Sand zwischen Ihren Zehen, hören Sie die Wellen an den Strand branden und schnuppern Sie den Seetang. Gehen Sie schwimmen, spüren Sie das kühle Wasser auf Ihrer Haut, schmecken Sie das Salz, genießen Sie die Schwerelosigkeit Ihres Körpers. Wenn Sie aus dem Wasser kommen, lassen Sie sich von der Sonne trocknen, aalen Sie sich in der Wärme. Falls Ihr Geist sich in Einzelheiten verliert, lenken Sie ihn zurück. So üben Sie zwanzig Minuten lang. Am Ende der Meditation lassen Sie das Bild langsam wieder verblassen. Kommen Sie mit Ihrer Aufmerksamkeit zurück in die Gegenwart, öffnen Sie die Augen, strecken Sie sich und stehen Sie auf.

Visualisierungen für die Gesundheit

Sie können Schmerzen und Krankheit überwinden, indem Sie das Problem visualisieren. Das kann gerade in der Schwangerschaft sehr nützlich sein. Wenn zum Beispiel Ihr Rücken wie Feuer brennt, setzen Sie all Ihre Sinne ein, um sich das Feuer genau vorzustellen, und dann visualisieren Sie, wie Sie es löschen können. Vielleicht können Ihre Endorphine, Ihre körpereigenen Schmerzmittel, als winzige Feuerwehrmänner erscheinen. Hören Sie das Löschwasser spritzen, sehen Sie, wie die Flammen absterben, und spüren Sie, wie sich Kühle an Ihrer Wirbelsäule ausbreitet. Beziehen Sie so viele Einzelheiten wie möglich und auch Ihre Selbstheilungskräfte in das Bild mit ein. Sehen Sie sich als gesunde, aktive Frau und danken Sie sich selbst dafür, den Schmerz vertrieben zu haben.

Farbvisualisierungen

Jede Spektralfarbe hat ihre besonderen Eigenschaften. Die Konzentration auf eine bestimmte Farbe kann Ihnen zu Gesundheit und Wohlbefinden verhelfen. Die Visualisierung einer roten Wand kann zum Beispiel Ihre Fruchtbarkeit fördern und Sie bei Müdigkeit wieder munter machen. Rot kann Rückenschmerzen lindern und den Kreislauf anregen. Rot hilft auch, wenn Sie sich allein oder unsicher fühlen. Gelb kann die Verdauung und die Konzentration verbessern und Vertrauen und Optimismus hervorrufen. Grün beruhigt, senkt den Blutdruck und ist gut gegen Angst und Ärger. Hellblau entspannt und beruhigt Nerven und Gefühle. Es hilft bei Schlaflosigkeit, Hautreizungen und Hämorrhoiden.

Andere Techniken

Es gibt auch noch andere Konzentrationspunkte, die Sie bei der Meditation einsetzen können. Vielleicht möchten Sie eine der folgenden Techniken ausprobieren, nachdem Sie nun die Grundfertigkeiten des Atemzählens oder Mantragebrauchs beherrschen.

Körperwahrnehmung

Sie können Ihre Körperwahrnehmung als Fokus benutzen. Anstatt sich auf Ihre Atembewegungen zu konzentrieren, orientieren Sie sich an Ihren Empfindungen in verschiedenen Körperteilen. Setzen Sie sich wie gewohnt völlig entspannt hin, schließen Sie die Augen und richten Sie Ihre Aufmerksamkeit auf Ihre Kopfhaut. Spüren Sie jeder Empfindung nach. Versuchen Sie nicht, irgendetwas zu analysieren oder zu verändern, nehmen Sie nur wahr, was passiert. Dann gehen Sie zum Gesicht und von dort zum Nacken, zur Kehle und zu den Schultern über. Danach konzentrieren Sie sich auf Ihre Arme, Hände und Finger, sogar auf die Fingernägel, Adern und Handlinien. Beobachten Sie die Empfindungen, Gefühle und Geräusche von Brustkorb und oberem Rücken, von Bauch, Becken und unterem Rücken. Gehen Sie dann zu den Hüften und Beinen und schließlich zu den Füßen und Zehen über. Wiederholen Sie die Übung anschließend von Kopf bis Fuß oder von den Zehen an aufwärts.

Farbatmung

Diese Technik kombiniert die Grundatmung mit einer Visualisierung der Regenbogenfarben. Fangen Sie mit der Konzentration aufs Atemzählen an. Dann visualisieren Sie die Farbe Rot und atmen Rot in den untersten Punkt Ihrer Wirbelsäule und wieder aus. Mit dem zweiten Atemzug atmen Sie Orange in Ihren Bauchnabel und wieder aus. Atmen Sie Gelb in die Magengegend, Grün in den Brustraum, Hellblau in die Kehle, Indigoblau in die Stirn und Violett in Ihren Scheitelpunkt. Dann fangen Sie wieder mit Rot an.

Diese Übung macht das Atemzählen etwas anregender. Jede Farbe hat eine ausgleichende Wirkung auf eines der sieben Hauptchakras oder Energiezentren des Körpers, die alle mit bestimmten Körperfunktionen verbunden sind. Wenn Sie jede Farbe in das dazugehörige Chakra atmen, wird die aufbauende Wirkung der Meditation vertieft. Konzentrieren Sie sich nur auf die jeweilige Farbe, lassen Sie keine Assoziationen aufkommen. Sie können sich bei dieser Meditation auch vorstellen, dass Sie Sonnenlicht einatmen, was an einem sonnigen Tag im Freien besonders gut funktioniert.

Atmen Sie Violett ein, wenn Sie verwirrt oder verzweifelt sind oder sich heil und ganz fühlen möchten.

Atmen Sie Indigoblau ein, wenn Sie unter Kopfschmerzen, schlimmen Träumen oder Schlaflosigkeit leiden.

Atmen Sie Himmelblau ein bei Kommunikationsproblemen oder zu wenig Selbstwertgefühl.

Atmen Sie Grün ein bei Haut- und Kreislaufproblemen oder Mangel an Abwehrkräften.

Atmen Sie Gelb ein, wenn Sie unter Angst, Stress, Herzrasen oder Verstopfung leiden.

Atmen Sie Orange ein bei sexuellen oder Blasenproblemen.

Atmen Sie Rot ein, um mehr Sicherheit und Kraft zu spüren.

Wie Sie mit Ihrem Partner meditieren

Die meisten Menschen meditieren allein oder in einer Gruppe, aber Sie können auch mit Ihrem Partner oder mit Ihrer Freundin zusammen meditieren. Das kann gerade dann gut tun, wenn Sie ein Baby planen oder schon erwarten, weil Sie in diesem Fall beide den Wunsch nach einer möglichst leichten und komplikationslosen Schwangerschaft und einem glücklichen, gesunden Kind haben. Die gemeinsame Meditation kann Ihre Beziehung stärken, weil Sie jetzt etwas ganz Besonderes miteinander teilen, das Sie noch einmal in entspannter Harmonie auf neue Weise miteinander verbinden kann.

Ein Partner kann Sie inspirieren. Er oder sie kann Sie unterstützen, wenn Sie einmal nicht weiterkommen oder keine Lust zum Üben haben. Allein das Bewusstsein, dass jemand mit Ihnen zusammen meditiert, kann Ihre Meditation vertiefen und verstärken. Die gemeinsame Erfahrung verschafft Ihnen darüber hinaus auch mehr Einblick in den Meditationsprozess, wobei Sie allerdings manches trotzdem besser für sich behalten sollten. Wenn beide Partner gemeinsam über ein Problem meditieren, können sich außerdem manchmal Lösungen ergeben, die Sie allein vielleicht nicht gefunden hätten.

Ist es das Richtige für Sie?

Mit einem Partner zu meditieren ist weder besser noch schlechter als die Meditation allein. Es kommt einzig und allein darauf an, ob es für Sie ganz persönlich das Richtige ist. Auf folgende Punkte sollten Sie bei Ihren Überlegungen achten:

- *Können Sie gut jeden Tag allein meditieren oder würden Sie es seltener tun, wenn Sie auf sich allein gestellt wären?*
- *Lassen Sie sich leicht von anderen ablenken? Würden Sie sich beim gemeinsamen Meditieren unwohl fühlen?*
- *Wäre Ihr Partner prinzipiell daran interessiert? Setzen Sie ihn oder sie nicht unter Druck und vermitteln Sie ihnen keine Schuldgefühle, wenn sie sich weigern.*

Fragen Sie sich nach einer Partnermeditation, ob diese Erfahrung Ihnen etwas gebracht hat oder eher nicht. Denken Sie daran, dass eine gemeinsame Meditation beiden Seiten gut tun und zu einem Gefühl des Einsseins führen sollte. Falls Sie stattdessen anfangen, miteinander zu konkurrieren, meditieren Sie lieber wieder allein.

Und so geht es

Im Grunde macht es keinen Unterschied, ob Sie allein oder mit Partner meditieren, da jede Meditation ganz individuell verläuft. Sie meditieren einfach im gleichen Raum und zur gleichen Zeit. Sie brauchen sich nicht auf denselben Fokus zu konzentrieren, obwohl das sehr schön sein kann. So könnten Sie zum Beispiel gemeinsam über mehr Nähe meditieren. Auch wenn Sie sich auf das gleiche Ziel ausrichten, können Sie dabei unterschiedliche Techniken benutzen. Aber selbst wenn Sie dieselbe Methode einsetzen, zum Beispiel Visualisierung, werden sich Ihre inneren Bilder voneinander unterscheiden. Versuchen Sie nicht, genau dasselbe zu machen, was Ihr Partner macht, sondern tun Sie das, was sich für Sie stimmig anfühlt.

Wichtig ist, dass Sie jeweils die Bedürfnisse, die Gefühle, die Individualität und die Persönlichkeitssphäre des anderen respektieren. Sprechen Sie sich ab, wo, wann und wie lange Sie meditieren wollen, damit es keine Störungen gibt. Sprechen Sie auch das Thema Räucherstäbchen, Beleuchtung und die Frage an, ob es Sie stören würde, wenn einer von Ihnen zum Beispiel geräuschvoll atmet. Eine oder zwei gemeinsame Meditationen pro Woche können sehr schön sein, aber es funktioniert nicht bei jedem.

Wie Sie eine Meditation beenden

Jede Meditationssitzung sollte mit einer kurzen Ruhezeit beendet werden. Gewöhnlich fühlt man sich danach ein wenig abgehoben, deshalb kann das stille Sitzen Ihnen dabei helfen, sich zu erden und wieder ganz in den Alltag zurückzukehren. Der Sinn der Meditation liegt ja nicht darin, ständig über den Dingen zu schweben. Ganz im Gegenteil: Die Meditation verschafft Ihnen eine kleine Atempause von Ihren Alltagspflichten, damit Sie sich ihnen hinterher umso effektiver zuwenden können. Einen Moment still zu sitzen und sich zu erden kann dabei helfen.

Auch aus Sicherheitsgründen sollten Sie nach der Meditation noch eine oder zwei Minuten sitzen bleiben. Da Ihr Blutdruck während der Meditation absinkt, könnten Sie sich schwindlig fühlen, wenn Sie zu schnell aufstehen. Da besonders in der Spätschwangerschaft ein Sturz gefährlich wäre, machen Sie es lieber gleich von Anfang an richtig.

SO SCHLIESSEN SIE DIE MEDITATION RICHTIG AB

1. Bleiben Sie am Ende der Meditation mit geschlossenen Augen sitzen und kehren Sie langsam wieder in den Alltag zurück.
2. Öffnen Sie die Augen, bleiben Sie aber noch sitzen und blicken Sie sich im Raum um.
3. Schauen Sie Ihren Körper an, bewegen Sie Ihre Hände, atmen Sie tief und strecken Sie sich, um den Kreislauf anzuregen.
4. Wenn Sie so weit sind, stehen Sie langsam auf, gehen aber erst dann zu anderen Dingen über, wenn Sie sich wieder ganz stabil fühlen.
5. Wenn Sie sich immer noch ein bisschen wacklig oder abgehoben fühlen, machen Sie eine der rechts beschriebenen Erdungsübungen.

Einfache Erdungstechniken

Es kann manchmal passieren, dass Sie sich nach zwanzig Minuten geistigen Zur-Ruhe-Kommens ein bisschen »ungeerdet« oder etwas unwirklich fühlen. Das geht zwar auch von selbst vorbei, aber ein paar recht einfache Techniken können Ihnen dabei helfen, schneller wieder ganz auf der Erde anzukommen.

Stehen Sie aufrecht und entspannt mit beiden Füßen fest auf dem Boden. Atmen Sie tief in den Bauch hinein und drücken Sie die Füße in den Boden. Stellen Sie sich vor, dass aus Ihren Füßen Wurzeln in den Boden wachsen. Falls Sie auf einem Stuhl sitzen, lassen Sie Ihr Gesäß schwer auf dem Sitz ruhen und übergeben ihm Ihr ganzes Gewicht. Wenn Sie dann aufstehen, stampfen Sie ein paar Mal mit den Füßen auf, um Kontakt zum Boden zu schaffen.

Sie können nach dem Ende der Meditation auch eine Kleinigkeit essen oder trinken; das bringt Sie in die Realität und in Ihren Körper zurück. Eine ähnliche Wirkung haben auch praktische Tätigkeiten wie Kochen, Einkaufen oder Gartenarbeit.

Zu guter Letzt können Sie sich noch ein paar Notizen machen, um Ihre Meditationserfahrungen festzuhalten. Schreiben Sie kurz auf, was für eine Meditation Sie gemacht haben, was Sie dabei gespürt haben und was Sie daraus mitnehmen. Wir nehmen kleine Veränderungen oft kaum wahr, so dass ein Tagebuch Ihnen helfen kann, sich den Fortschritt auch wirklich bewusst zu machen.

Wie es weitergeht

Sie sind jetzt so weit, dass Sie zu speziellen Meditationsübungen übergehen können. Denken Sie daran, dass Sie diese Übungen Ihren eigenen Bedürfnissen anpassen können, solange Sie die folgenden Richtlinien beachten:

- *Setzen Sie sich bequem hin.*
- *Entspannen Sie sich vollständig.*
- *Konzentrieren Sie sich auf Ihr Wort, Ihren Klang, Ihren Atem oder Ihr inneres Bild.*
- *Lassen Sie alles andere von sich abfallen.*
- *Wenn Sie abschweifen, richten Sie Ihre Aufmerksamkeit sanft zurück.*
- *Üben Sie zehn bis zwanzig Minuten lang.*

Glauben Sie an sich selbst, dann Sie werden es schaffen. Sie brauchen dafür nur Engagement und Übung. Viel Glück!

Vor der Empfängnis

Die Vorbereitung auf die Elternschaft beginnt, sobald Sie sich entschließen, schwanger zu werden. In dieser Zeit werden die körperlichen und seelischen Grundlagen für eine erfolgreiche Schwangerschaft und Geburt gelegt, damit Sie ein gesundes Baby bekommen und sich auch nach der Geburt wohl fühlen. Jetzt ist es an der Zeit, Ihren Körper von giftigen Substanzen wie Nikotin, Alkohol, unnötigen Medikamenten und minderwertigen Lebensmitteln zu befreien, damit diese Ihre Empfängnischancen nicht beeinträchtigen oder Ihrem Baby schaden können. Es ist auch an der Zeit, Stress und seelische Spannungen abzubauen, damit Sie ganz ausgeglichen und gesund sind. Bei täglicher Übung kann die Meditation Sie auf all diesen Ebenen unterstützen und Ihnen helfen, diese Zeit besonders schön zu gestalten.

Wie Sie sich entspannen

Die Entscheidung für ein Baby bringt eine große Lebensveränderung mit sich, besonders wenn es Ihr erstes Kind ist. Auch glückliche Ereignisse können stressig sein und manche Frauen verbringen bange Monate, bevor sie endlich schwanger werden. Der Gedanke an die Elternschaft kann sowohl Bedenken auslösen als auch unglaublich aufregend sein. Sie und Ihr Partner können leicht unter Druck geraten, wenn Sie sich wünschen, dass alles perfekt läuft. Wenn wir ja alles richtig machen wollen, vergessen wir oft, uns auch einmal zu entspannen und der Natur ihren Lauf zu lassen. Die wichtigste Grundlage für jeden Wachstums- und Heilungsprozess ist jedoch Entspannung. Meditation als ein Zustand der Tiefenentspannung bringt Ihren Körper ins Gleichgewicht und reduziert zugleich Stress und Komplikationen bei der Empfängnis und in der Schwangerschaft auf ein Minimum. Auch Bewegung und aktive Lebensgestaltung bauen Stress ab, aber da die Grundlage aller Aktivität das Denken ist, beginnt wahre Entspannung im Geist. Indem die Meditation die vielen Gedanken, die Ihren Körper unter Stress setzen, ausschaltet, bringt sie Ihnen tiefen Frieden. Das tut Ihrer Gesundheit gut und schafft die idealen Bedingungen für eine Empfängnis.

Am besten organisiert die Natur sich selbst.
MAHARISHI MAHESH YOGI

Wie diese Meditation gemacht wird

Setzen Sie sich an einem ruhigen Ort bequem hin und beginnen Sie mit der Körperentspannung. Entspannung zeigt sich durch tiefe, langsame Atemzüge. Konzentrieren Sie sich auf Ihren Bauch und atmen Sie tief in Ihre Magengrube hinein. Spüren Sie, wie sich Ihre Bauchdecke mit der Einatmung hebt und mit der Ausatmung wieder senkt. Lassen Sie Ihren Atem so sanft wie möglich kommen und gehen und spüren Sie, wie mit jedem Ausatmen Spannung aus Ihren Muskeln weicht. Konzentrieren Sie sich weiter auf das Heben und Senken Ihres Bauches, bis Ihre Atmung ein eigenes Entspannungsmuster entwickelt.

Nun schließen Sie die Augen, ohne Ihre Atmung zu verändern, und konzentrieren sich auf das Wort »Ruhe«. Sehen Sie das Wort in großen, fetten Buchstaben im Geist vor sich und konzentrieren Sie sich nur darauf. Sagen Sie beim Ausatmen leise oder laut »Ruhe«. Sehen Sie mit Ihrem inneren Auge, wie die Buchstaben des Wortes in sich zusammenfallen und sich auflösen, während Sie das Wort aussprechen. Dann bringen Sie die Buchstaben beim Einatmen wieder in ihre klare Form zurück. Bleiben Sie bei diesem Wort, sehen Sie, wie es beim Ausatmen verfließt und sich beim Einatmen wieder aufbaut. Zwingen Sie Ihrem Atem keinen bestimmten Rhythmus auf. Lassen Sie ihn frei fließen und lassen Sie alle anderen Gedanken los.

Mini-Meditation zur schnellen Beruhigung

Wenn Sie diese Meditation oft machen, lernt Ihr Unterbewusstsein, das Wort »Ruhe« mit dem Zustand der Entspannung zu verbinden – dann können Sie sich gleichsam auf Knopfdruck entspannen. Bei Stress, Angst, Schmerzen oder Unwohlsein brauchen Sie nur dreimal tief auszuatmen und dabei »Ruhe« zu sagen, um schnell zur Ruhe zu kommen und Erleichterung zu finden.

MEDITIEREN FÜR DIE GESUNDHEIT

An der Universität Köln nahmen 156 Freiwillige an einer Untersuchung zum Vergleich der Transzendentalen Meditation mit einfachem entspanntem Sitzen teil. Alle Teilnehmer beschrieben ihre Empfindungen vor und nach der Übung. Im Ergebnis waren die Meditierenden weniger depressiv, ängstlich, nervös, ärgerlich, müde und erschöpft, dafür aber entspannter, begeisterter, aktiver und gesünder als jene, die sich einfach nur entspannt hatten.

Entspannung kann viele Formen annehmen. Auch ein gutes Buch kann Sie, ähnlich wie die Meditation, eine Zeit lang von Sorgen befreien.

Wie Sie Ihre Fruchtbarkeit fördern

Machen Sie diese Meditation,

◆ *wenn Sie Ihren Menstruationszyklus und Ihren Körper*
  in ein natürliches Gleichgewicht bringen möchten
◆ *wenn Sie Angst haben, nicht schwanger werden zu können*
◆ *wenn Sie Ihre Empfängnischancen erhöhen möchten*

Wenn wir uns ein Baby wünschen, hoffen wir alle, möglichst sofort schwanger zu werden. Aber schon der kleinste »Schluckauf« in den Körperfunktionen kann eine Empfängnis erschweren. Ärztinnen empfehlen, sich zur Erhöhung der Chancen auf ein gesundes Kind drei bis sechs Monate lang auf die Empfängnis vorzubereiten. Steigern Sie Ihre körperliche Fitness, hören Sie mit dem Rauchen auf, trinken Sie keinen Alkohol und nehmen Sie keine unnötigen Medikamente. Gehen Sie zu natürlichen Verhütungsmethoden über und setzen Sie sich möglichst keinen Umweltgiften wie Abgasen, Airosolsprays und Farbdämpfen aus. Einer der einfachsten und wichtigsten Wege zur Fruchtbarkeit ist eine bessere Ernährung (siehe rechte Seite).

Stress gilt als eine der Hauptursachen für Unfruchtbarkeit. Ihr Körper reagiert auf Stress wie auf eine Bedrohung, und in Zeiten der Gefahr steht die Reproduktion nicht gerade obenan auf der Prioritätenliste der Natur. Meditation kann diese Stressreaktion ausschalten, indem sie den Körper entspannt und das Hormonsystem ins Gleichgewicht bringt. So werden Sie leichter schwanger.

Wie diese Meditation gemacht wird

Machen Sie diese Visualisierung bei gutem Wetter im Freien. Setzen Sie sich bequem hin, entspannen Sie sich, schließen Sie die Augen und konzentrieren Sie sich auf Ihre Atmung.

◆ *Stellen Sie sich vor, dass Sie ein Samenkorn sind, das zu einem wunderbaren Obstbaum heranwachsen wird. Sie sind in die Erde gepflanzt und fühlen sich sicher und geborgen. Sie sind gelassen und begierig zu wachsen. Über Ihnen*

ERNÄHRUNG UND FRUCHTBARKEIT

Sie und Ihr Partner sollten sechs Monate, bevor Sie empfangen wollen, Ihre Ernährung umstellen.

- Filtern Sie alles Wasser und trinken Sie möglichst zwei Liter pro Tag. Vermeiden Sie Kaffee.
- Essen Sie täglich frische Vollwertkost mit mindestens fünf Portionen Obst und Gemüse, wenn möglich aus organischem Anbau.

- Lassen Sie Ihren Vitamin- und Mineralstoffspiegel testen und nehmen Sie hochwertige Vitaminpräparate ein, die fruchtbarkeitsfördernde Stoffe wie Eisen, Zink, Magnesium und die Vitamine C, E und den B-Komplex enthalten.
- Nehmen Sie 400 Mikrogramm Folsäure pro Tag ein, um das Risiko von Nervenschäden bei Ihrem Baby zu verringern.

Frische Lebensmittel wie Obst und Gemüse liefern Antioxidanzien, die die Fruchtbarkeit von Mann und Frau fördern. Milch, Meeresfrüchte und Nüsse enthalten Zink, das für die Spermaproduktion und für die gesunde Entwicklung des Fötus gebraucht wird.

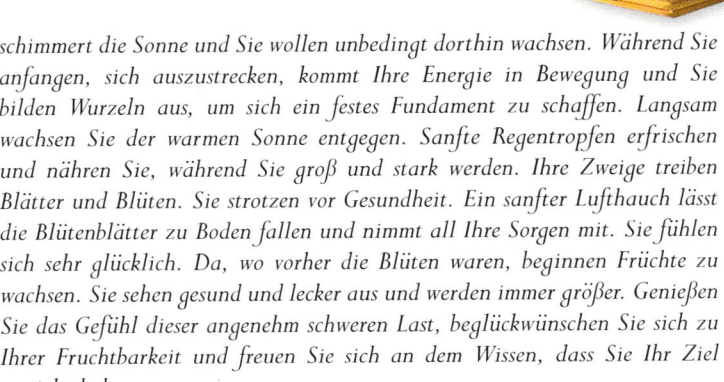

schimmert die Sonne und Sie wollen unbedingt dorthin wachsen. Während Sie anfangen, sich auszustrecken, kommt Ihre Energie in Bewegung und Sie bilden Wurzeln aus, um sich ein festes Fundament zu schaffen. Langsam wachsen Sie der warmen Sonne entgegen. Sanfte Regentropfen erfrischen und nähren Sie, während Sie groß und stark werden. Ihre Zweige treiben Blätter und Blüten. Sie strotzen vor Gesundheit. Ein sanfter Lufthauch lässt die Blütenblätter zu Boden fallen und nimmt all Ihre Sorgen mit. Sie fühlen sich sehr glücklich. Da, wo vorher die Blüten waren, beginnen Früchte zu wachsen. Sie sehen gesund und lecker aus und werden immer größer. Genießen Sie das Gefühl dieser angenehm schweren Last, beglückwünschen Sie sich zu Ihrer Fruchtbarkeit und freuen Sie sich an dem Wissen, dass Sie Ihr Ziel erreicht haben.

Positive Bilder für Zeiten des Zweifels

Wenn Sie sich fragen, ob Sie überhaupt je schwanger werden können, sollten Sie versuchen, vor Ihrem inneren Auge ein so starkes positives Bild entstehen zu lassen, dass es alle Ängste und Zweifel vertreibt. Sehen Sie sich selbst, Ihren Partner und Ihr süßes Baby an einem sicheren Ort glücklich beieinander. Stellen Sie sich dieses Bild so eindringlich vor, dass Ihr Gehirn es als Tatsache akzeptiert und Ihren Körper anweist, es Wahrheit werden zu lassen.

Fruchtbarkeitsbehandlungen

Machen Sie diese Meditation,

✦ wenn Sie Vertrauen in Ihre Empfängnisfähigkeit aufbauen möchten
✦ wenn Sie vor der Entscheidung für oder gegen eine
   Fruchtbarkeitsbehandlung stehen
✦ wenn Sie bei all den stressigen Prozeduren zu einer
   Kraftquelle finden möchten

Die wichtigste Meditation in diesem Abschnitt ist eine Achtsamkeits-
meditation. Achtsamkeit im buddhistischen Sinn heißt, dass wir ganz im
Moment leben und alles zu schätzen wissen, was das Leben uns zu bieten
hat. Wenn Ihre Versuche, schwanger zu werden, fehlschlagen, kann das
bedeuten, dass Sie zu viel Zeit damit verbringen, zurückliegende Entscheidungen zu bedauern oder sich in Sorgen und Träumen über die Zukunft zu
ergehen und sich niemals wirklich an der Gegenwart freuen.

> *Egal, wie gestresst Sie von den Ereignissen sind: Wenn Sie achtsam bleiben, können Sie die kleinen Augenblicke des Lebens würdigen und genießen.*
> DR. ALICE DOMAR, LEITERIN DES FRAUENGESUND-
> HEITSPROGRAMMS DER HARVARD MEDICAL SCHOOL

Manchmal kann eine Fruchtbarkeitsbehandlung dazu führen, dass Sie in
ständiger Angst vor der nächsten Behandlung oder einem Testergebnis leben. Sie kann Stress in Ihrer Beziehung
und vielleicht das Gefühl auslösen, dass Ihr Leben irgendwie »festge-
fahren« ist. Der beste Weg bei Fruchtbarkeitsproblemen ist oft, sie ganz
auszublenden. Anstatt sich nach zukünftigem Glück zu sehnen, konzentrieren Sie sich lieber darauf, wie wunderbar Sie sich gerade in diesem
Moment fühlen können. Unternehmen Sie als Paar etwas zusammen,
treffen Sie sich mit Freunden und verwöhnen Sie sich. Ein romantisches
Wochenende oder ein ruhiger Abend zu zweit ist mit einem Baby nicht
leicht einzurichten – also genießen Sie es jetzt. Achtsamkeit im Alltag auf-
zubringen, wie etwa beim Kuchenbacken oder Schwimmengehen, kann
an sich schon therapeutisch wirken. Vertiefen Sie sich in eine Aufgabe,
seien Sie ganz in der Gegenwart und Ihre Ängste werden verfliegen.

Wie diese Meditation gemacht wird

Setzen Sie sich bequem hin und konzentrieren Sie sich ganz auf Ihre Atmung. Nehmen Sie wahr, wie Ihr Atem ein- und ausströmt. Auch wenn Sie voller Sorgen, Ängste, Hoffnungen und Träume sind, beobachten Sie einfach, wie Ihre Gedanken kommen und gehen. Machen Sie sich bewusst, wie die verschiedensten Gedanken auftauchen, wieder verschwinden und um Ihre Aufmerksamkeit kämpfen. Beobachten Sie den Ablauf, aber gehen Sie keinem der Gedanken nach. Falls doch, kehren Sie zur Wahrnehmung des Atems im Körper zurück. Seien Sie nicht zu hart mit sich selbst, wenn Sie abschweifen. Akzeptieren Sie, dass das manchmal passiert, und kehren Sie einfach zu Ihrer Atmung zurück. Machen Sie sich am Ende der Meditation bewusst, dass Sie Ihre Zukunftssorgen jederzeit fallen lassen können, um ganz entspannt in der Gegenwart zu leben.

Mini-Meditation für Behandlungssituationen

Auch wenn Sie besonderem Stress, Ängsten oder Schmerz ausgesetzt sind, können Sie mit einer Mini-Achtsamkeitsmeditation Ruhe bewahren. Suchen Sie sich im Auto, im Wartezimmer, in der Klinik oder wo Sie gerade sind, einen interessanten Gegenstand und konzentrieren Sie sich ganz darauf. Das kann eine Pflanze sein, ein Bild oder der Ausblick aus dem Fenster. Starren Sie nicht darauf, sondern entspannen Sie sich mit halbgeschlossenen Augen, lassen Sie Ihren Atem zu einem langsamen, natürlichen Rhythmus finden und studieren Sie den Gegenstand in allen Einzelheiten, so dass gar kein Raum für Ängste mehr bleibt.

Was mir geholfen hat

Als ich entdeckte, dass ich unfruchtbar war, war ich voller Wut, Selbstmitleid und Minderwertigkeitsgefühle. Ich hatte nie eine Fruchtbarkeitsbehandlung gewollt, aber jetzt war ich sogar bereit, meine Prinzipien über Bord zu werfen. Manchmal setzte ich mich einfach still hin und bat um Führung. Allmählich dachte ich weniger über Babys nach als darüber, wie reich mein Leben auf anderen Gebieten war und wie sehr ich geliebt wurde. Ich wünsche mir immer noch ein Kind, aber ich fühle mich nicht mehr so betrogen.

Die Bedeutung Ihrer Partnerschaft

Machen Sie diese Meditation,

◆ wenn Sie die Bindung zu Ihrem Partner verstärken möchten
◆ wenn Sie Ihre Lebensfreude steigern möchten
◆ wenn Sie intensiver lieben und geliebt werden möchten

Die meisten Paare wollen ein Kind, weil sie sich lieben. Wenn Sie sich aber zu stark auf die Empfängnis fixieren, gerät die Liebe womöglich mehr zu einer Pflichtübung als zu einem spontanen, leidenschaftlichen und lustvollen Akt. Achten Sie also darauf, dass Sie während des ganzen Monatszyklus in liebevollem Körperkontakt miteinander sind.

Versuchen Sie, sich nicht allzu sehr zu verspannen, auch wenn Sie sich schon lange ein Baby wünschen. Selbst wenn es so aussieht, als ob Ihr Körper *Sie* mit jeder Regelblutung verraten würde, ist Ihr Partner doch genauso enttäuscht. Er kann sich in seiner Männlichkeit in Frage gestellt oder eher als Zeugungsmaschine als wie der Mann fühlen, den Sie lieben. Verlieren Sie die Nähe zueinander nicht. Sie sind ja zusammen, weil Sie sich lieben, nicht, weil Sie perfekte Eltern wären. Lassen Sie Ihre Liebe wachsen, schätzen Sie einander, freuen Sie sich an Ihrem Beisammensein und meditieren Sie in Gelassenheit.

> *Liebe heißt nicht, sich in die Augen zu schauen. Es heißt, gemeinsam in die gleiche Richtung zu blicken.*
> ANTOINE DE SAINT-EXUPÉRY

Gemeinsames Meditieren kann die Harmonie und Intimität zwischen Ehepartnern verstärken. Aber auch allein zu meditieren kann Ihrer Beziehung gut tun, weil Sie sich dabei auf sich selbst anstatt auf die Fehler Ihres Partners konzentrieren. Meditation macht glücklicher, und glückliche, tolerante und liebevolle Menschen sind selten rücksichtslos oder streitsüchtig.

Die achtsame Liebe

Achtsamkeit bedeutet, ganz in einer Tätigkeit aufzugehen. Wenn Sie sich auf achtsame Weise lieben, kosten Sie jeden Moment des Beisammenseins mit Ihrem Partner aus und denken nicht mehr ans Kinderkriegen. Lieben Sie sich mit allen Sinnen, Gefühlen und Gedanken. Das steigert Ihre Lebensfreude, vermindert Ihre Zukunftsangst und stärkt die Verbindung zu Ihrem Partner.

Wie diese Meditation gemacht wird

Diese Meditation fördert das Wachstum bedingungsloser Herzensliebe. Legen Sie eine Rosenknospe oder eine andere Blütenknospe vor sich hin. Setzen Sie sich hin, entspannen Sie sich und schauen Sie mit halb geschlossenen Augen auf die Blume. Konzentrieren Sie sich ganz darauf und lassen Sie alle anderen Gedanken wegfließen.

Erforschen Sie die Größe, Farbe und Schönheit der Blume und stellen Sie sich vor, dass sie in Ihrem Herzen wächst. Schließen Sie die Augen und malen Sie sich aus, wie die Kraft der Liebe sie in Ihrem Inneren zum Erblühen bringt. Wenn sie aufgeblüht ist, strahlt sie rund um Sie herum Liebe aus. Konzentrieren Sie sich weiter auf die Knospe und sehen Sie, wie die Blütenblätter sich langsam entfalten, bis sie den ganzen Raum Ihres Herzens einnehmen. Am Ende ist Ihr Herz selbst zur Blume geworden, zu einer duftenden Blume der Liebe. Ihr Duft durchdringt alle Zellen und Gewebe Ihres Körpers und strömt durch die Poren wieder hinaus. Der Wohlgeruch hüllt Sie ein und strahlt von Ihnen aus. Ihr Herz ist voller Liebe und Heiterkeit. Sie lieben und fühlen sich geliebt. Konzentrieren Sie sich noch ein Weilchen auf Ihre Herzensblume, genießen Sie ihren Duft und ihr Strahlen. Dann öffnen Sie die Augen.

Mini-Visualisierung für Krisenzeiten

Wenn Sie wütend auf Ihren Partner sind oder sich von ihm verletzt fühlen, probieren Sie folgende buddhistische Technik zum Austausch von Bitterkeit gegen Liebe aus: Stellen Sie sich vor, dass ein Bild von Ihnen das Ihres Partners überlagert und behalten Sie diese Vorstellung so lange wie möglich bei. Es wird Ihnen schwer fallen, wütend zu bleiben, wenn Sie Anteile Ihrer selbst in ihm wahrnehmen.

Wie Sie gesund leben

Machen Sie diese Meditation,

◆ *wenn Sie schlechte Angewohnheiten ablegen möchten*
◆ *wenn Sie etwas gegen Stress und Antriebslosigkeit tun möchten*
◆ *wenn Sie Ihren Körper entschlacken möchten*

Wir alle wissen, dass es nicht klug ist, in der Schwangerschaft zu rauchen, Alkohol zu trinken oder Drogen zu nehmen, aber auch die Fruchtbarkeit kann dadurch vermindert werden. Tabak zum Beispiel enthält Gifte, die sich negativ auf den Östrogenspiegel der Frau und die Spermaproduktion des Mannes auswirken. Alkohol kann die Fortpflanzungsfähigkeit des Mannes einschränken und das Risiko einer Fehlgeburt erhöhen.

Wenn Sie Zigaretten, Alkohol und Drogen aufgeben, wird sich das nicht nur positiv auf Ihre Fruchtbarkeit, sondern auch auf Ihre Gesundheit auswirken. Trotzdem ist es nicht leicht, damit aufzuhören — selbst wenn Sie einen guten Grund dafür haben. Gewohnheiten haben etwas Tröstliches: nicht unbedingt, weil Sie etwas so gerne tun, sondern weil die ständige Wiederholung Ihnen ein Gefühl der Sicherheit gibt. Wenn Sie eine Gewohnheit aufgeben, entsteht eine Lücke, die Sie dann schleunigst wieder füllen wollen. Aber auch die tägliche Meditation kann zu einer Gewohnheit werden und viele Meditierende geben dafür schlechte Angewohnheiten auf. Forschungen an der Universität von Michigan haben ergeben, dass der größte Teil der Personen, die länger als zwei Jahre meditierten, wesentlich weniger rauchten als zuvor. 57 Prozent hörten sogar ganz auf. Weiterhin gaben 40 Prozent innerhalb der ersten sechs Übungsmonate den Alkohol auf, 60 Prozent innerhalb von zwei Jahren. Wenn Sie Ihre schlechten Gewohnheiten durch eine bessere ersetzen, fördern Sie also sowohl Ihre Fruchtbarkeit als auch die Gesundheit Ihres Babys.

Wie diese Meditation gemacht wird

Setzen oder legen Sie sich an einem ruhigen Ort bequem hin. Entspannen Sie sich und atmen Sie durch die Nase tief in Lungen und Bauch hinein und durch den Mund wieder aus. Finden Sie die Art von Tiefenatmung heraus, die Ihnen liegt. Schließen Sie die Augen und beobachten Sie die Bewegung und den Rhythmus Ihres Atems.

Nach ein paar Minuten visualisieren Sie die Luft, die Sie einatmen, als das heilsamste weiße Licht, das Sie je gesehen haben. Atmen Sie dieses reinigende Licht tief ein. Stellen Sie sich vor, wie es sich überall in Ihrem Körper ausbreitet und jede einzelne Zelle reinigt und heilt – ganz besonders Ihre Gebärmutter. Konzentrieren Sie sich weiter auf dieses Bild und atmen Sie zugleich tief aus dem Bauch heraus aus. Schauen Sie, wie dabei alle Gifte aus Bauch und Lungen hinausgeschwemmt werden. Die alte verschmutzte Luft fließt hinaus und das klare weiße Licht strömt hinein. Mit der Zeit wird die Luft, die Sie ausatmen, sauberer und schließlich so weiß wie die Luft, die Sie einatmen. Ihr ganzer Körper ist von reiner, heilender Luft erfüllt. Atmen Sie dieses weiße Licht mehrere Minuten lang ein und aus. Wenn Sie so weit sind, öffnen Sie die Augen und stehen langsam auf.

Mini-Meditation für Zeiten der Versuchung

Wenn Sie Lust auf eine Zigarette oder einen Drink haben, halten Sie inne, lassen Ihre Schultern locker und atmen tief in den Bauch hinein. Lassen Sie Ihre Schultern beim Ausatmen dann noch tiefer sinken und sprechen Sie die Worte: »Ich bin rein und nüchtern.« Machen Sie diese Übung jedes Mal, wenn das Verlangen Sie überkommt.

FÜNF GUTE GRÜNDE, AB JETZT GESUND ZU LEBEN

✦ Bei Schwangeren, die rauchen, kommt es öfter zu Fehlgeburten, Blutungen oder Frühgeburten.

✦ Babys von rauchenden Eltern haben im ersten Lebensjahr weniger Abwehrkräfte und gehen ein erhöhtes Risiko ein, dem plötzlichen Kindstod zum Opfer zu fallen.

✦ Kinder von Rauchern können unter Umständen intellektuell beeinträchtigt sein und Missbildungen wie etwa Gaumenspalten aufweisen.

✦ Starker Alkoholkonsum in der Schwangerschaft kann zu Kleinwuchs des Babys, geistiger Zurückgebliebenheit, körperlichen Missbildungen, Nervenschäden und sogar zur Totgeburt führen.

✦ Nehmen Sie keine Drogen und sprechen Sie mit Ihrer Ärztin über die Ihnen verordneten Medikamente. Bestimmte Medikamente können Ihrer Gesundheit, Ihrer Fruchtbarkeit und später auch dem Fötus schaden.

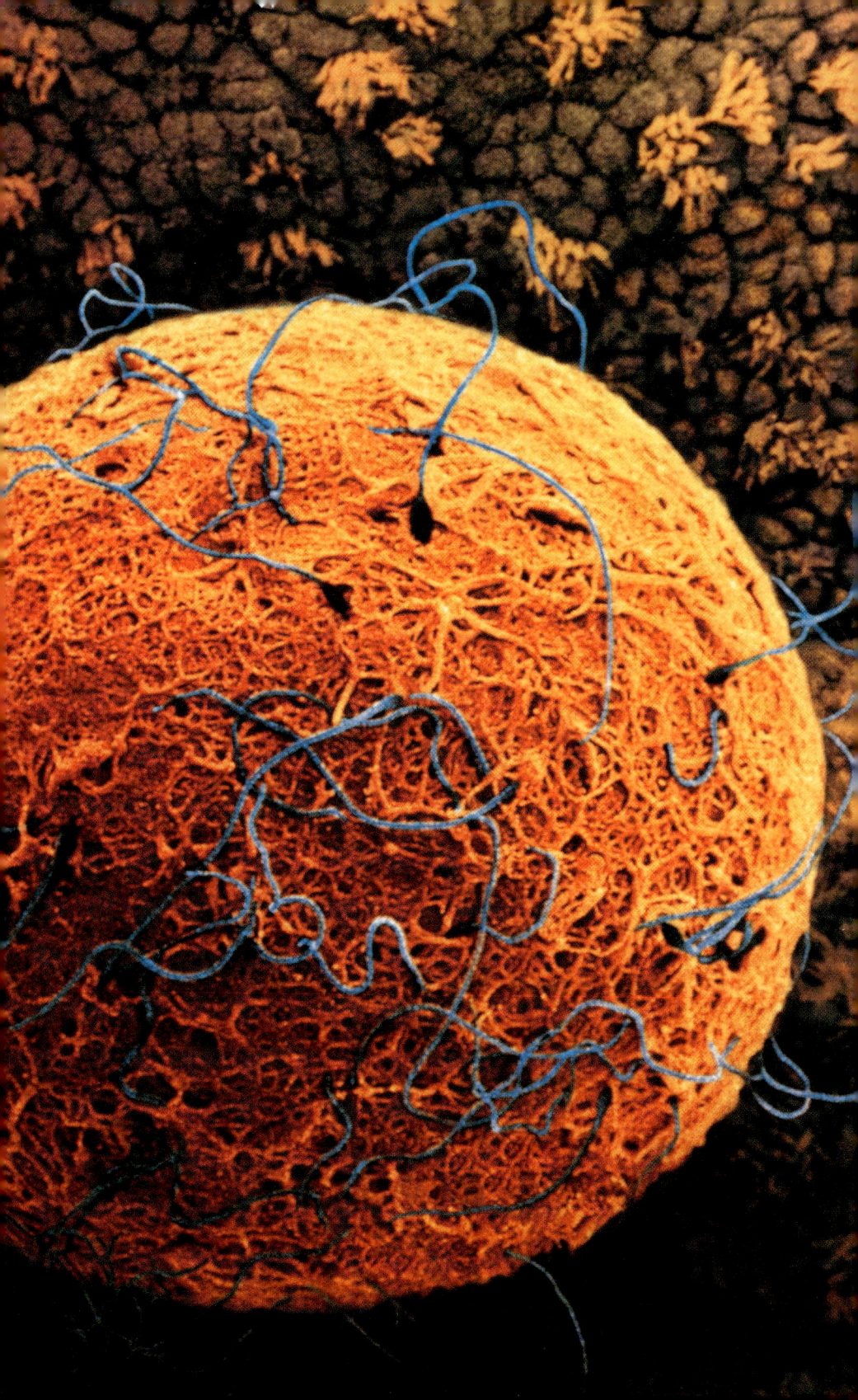

Das erste Drittel der Schwangerschaft

Die ersten zwölf Wochen der Schwangerschaft können zu den aufregendsten Ihres Lebens gehören. Obwohl Sie noch gar nicht viel anders aussehen, werden Sie sicherlich schon körperliche und seelische Veränderungen spüren. Große Umwälzungen finden jetzt in Ihrem Körper statt. Die ersten drei Monate sind von grundlegender Bedeutung für die fötale Entwicklung. Daher ist es wichtig, dass Sie während dieser Zeit besonders gut für sich und Ihr Baby sorgen. Die Meditationen in diesem Kapitel sollen Ihnen helfen, das Beste aus dieser einzigartigen Zeit zu machen und Ihrem Baby einen optimalen Start ins Leben zu ermöglichen!

Das neue Leben willkommen heißen

Machen Sie diese Meditation,

◆ *wenn Sie die Erschaffung eines neuen Menschen feiern möchten*
◆ *wenn Sie eine enge Verbindung mit Ihrem Kind eingehen möchten*
◆ *wenn Sie sich Ihre Schwangerschaft bewusst machen möchten*

Herzlichen Glückwunsch — Sie sind schwanger! Ob es nun um Ihr erstes oder Ihr drittes Kind geht, die Entdeckung, dass in Ihnen neues Leben entsteht, ist eine wunderschöne Erfahrung. Einige Frauen achten in der Schwangerschaft nicht besonders darauf, was in ihnen vorgeht. Dabei geht es um viel mehr als das Heranwachsen eines winzigen Embryos: Eine Schwangerschaft zeigt die Entstehung eines einzigartigen Individuums und gleichzeitig den Beginn einer neuen Lebensphase für Sie und Ihren Partner an.

Feiern Sie dieses neue Menschenkind und Ihre Schwangerschaft. Betrachten Sie sich und Ihr Baby als ein ganz besonderes Team. Obwohl Sie in diesem frühen Stadium wahrscheinlich noch nicht viel von Ihrem Baby mitbekommen, verändert sich viel in Ihnen. Heißen Sie dieses neue kleine Familienmitglied willkommen und lassen Sie dadurch die Veränderungen der Elternschaft Wirklichkeit werden. Die vorgeburtliche Bindung ist der erste Schritt zu einer lebenslangen innigen Beziehung zu Ihrem Kind.

Die folgende Körperwahrnehmungs-Meditation soll Ihr Bewusstsein für das werdende Leben und Ihre Bindung zu Ihrem Kind stärken, damit Sie es mit Leib und Seele willkommen heißen können.

Wie diese Meditation gemacht wird

Suchen Sie sich einen ruhigen und gemütlichen Platz, der für Sie zu Ihrem »Heiligtum« während der Schwangerschaft werden kann. Nehmen Sie eine bequeme Haltung ein, die Sie mühelos für die Dauer der Meditation beibehalten können.

Schütteln Sie sanft die Spannung aus Ihren Muskeln und legen Sie sich dann hin. Konzentrieren Sie sich auf Ihren Atem, bis er langsam und ruhig fließt. Nun unterteilen Sie Ihren Körper in sieben Abschnitte: Kopfhaut und Stirn; Gesicht und Nacken; Schultern, Arme und Hände; Brust und Rücken; Zwerchfell und Sonnengeflecht; Bauch; Hüften, Beine und Füße. So können Sie sich abwechselnd auf jeden Abschnitt konzentrieren.

Beginnen Sie am Scheitel und arbeiten Sie sich bis zu den Zehen vor. Dabei konzentrieren Sie einige Atemzüge lang Ihre gesamte Aufmerksamkeit auf jeden Abschnitt. Spannen Sie beim Einatmen alle Muskeln in diesem Bereich an und lassen Sie sie beim Ausatmen wieder locker. Achten Sie besonders auf die Atembewegungen Ihres Bauches und auf Ihre Gefühlswahrnehmungen in Brust und Bauch. Dadurch werden Ihnen die subtilen Veränderungen in Ihrem Körper besser bewusst.

Sie können auch eine visuelle Konzentrationshilfe benutzen. Zeichnen Sie vor Beginn der Meditation einen Kreis mit einem Punkt in der Mitte als Symbol für Leben und Ewigkeit (siehe Seite 29). Nun lassen Sie Ihren Blick über dieses Bild schweifen. Machen Sie sich damit vertraut, ohne es zu analysieren. Versuchen Sie, das Bild mit geschlossenen Augen vor sich zu sehen. Achten Sie weiter auf Ihre Atmung, aber zählen Sie Ihre Atemzüge nicht, weil Sie das ablenken könnte. Akzeptieren Sie, dass Gedanken auftauchen, aber lassen Sie sie weiterziehen. Konzentrieren Sie sich nur auf den Kreis. Bleiben Sie sich dabei Ihrer Körperempfindungen bewusst, so dass sich die Gegenwart Ihres Babys mit Ihrem Körpergefühl verbindet. Die Meditation sollte ungefähr fünfzehn Minuten dauern. Zu Anfang können Sie sich einen Küchenwecker stellen, der Ihnen sagt, wann es Zeit ist, die Augen zu öffnen und aus der Meditation zurückzukommen.

Was mir geholfen hat

Ich war überrascht über die intensiven Gefühle, Einsichten, Träume, Ängste und Wünsche in meiner Schwangerschaft. Mein Tagebuch half mir, diese Gefühle zu verstehen und für die Zukunft festzuhalten. Wenn ich mir über unerledigte Dinge aus der Vergangenheit Sorgen machte, konnte ich hier meinen Gefühlen freien Lauf lassen, ohne mich um die Reaktion anderer Leute kümmern zu müssen. Ich schrieb, wann immer es mir passte, und versuchte nicht, unbedingt jeden Tag etwas aufzuschreiben.

Die optimale Entwicklung Ihres Babys

Machen Sie diese Meditation,

◆ wenn Sie die Kraft finden möchten, Dinge aufzugeben, die nicht
gut für Ihr Baby sind
◆ wenn Sie sich Sorgen über einen besonderen Aspekt der
Schwangerschaft machen
◆ wenn Sie sich zum Wohle Ihres Babys körperlich und seelisch
entspannen möchten

Alle Eltern träumen von einem gesunden Baby – es ist der natürlichste Wunsch der Welt. Da nun die ersten zwölf Wochen für die Entwicklung Ihres Kindes am wichtigsten sind, werden Sie sichergehen wollen, dass Sie alles in Ihrer Macht Stehende für Ihr ungeborenes Kind tun.

Vom Augenblick der Empfängnis an beginnt jeder der winzigen Körperteile Ihres Babys sich nach seinem eigenen Zeitplan zu entwickeln: Das Herz bildet sich zwischen der dritten und sechsten Schwangerschaftswoche, die Gelenkknospen, aus denen später die Gliedmaßen wachsen, entwickeln sich zwischen der vierten und siebten Woche und am Ende der ersten drei Monate sind bereits die Grundstrukturen des Gehirns Ihres Kindes sowie ein rudimentäres Nervensystem angelegt.

Um in dieser entscheidenden Zeit bestens gedeihen zu können, muss Ihr Baby in seinem eigenen kleinen Heiligtum heranwachsen. Und die Erhaltung dieses Heiligtums liegt in Ihren Händen. Es ist wichtig, Stresssituationen zu vermeiden, sich von Schadstoffen wie Alkohol und Nikotin fernzuhalten und Ihr Kind mit einem ausgewogenen Nahrungsangebot zu versorgen. Allerdings könnten Sie gerade im Gefühlsaufruhr dieser ersten Wochen versucht sein, auf Mittel zurückzugreifen, die Sie auch sonst in Stresszeiten eingesetzt haben. Die Meditation kann Ihnen dabei helfen, diesem Verlangen zu widerstehen, und Ihnen alternative Entspannungswege aufzeigen.

Wenn Sie jeden Tag meditieren, nehmen Sie sich die Zeit, die Sie brauchen, um sich zu entspannen und sich positiv auf die gesunde Entwicklung Ihres Babys zu konzentrieren. Seien Sie gewiss, dass diese Zeit, die Sie allein verbringen, gut genutzt ist. Indem Sie sich um sich selbst und Ihre eigenen Bedürfnisse kümmern, beschützen Sie zugleich Ihr Baby und

tun alles, was Sie können, damit die Schwangerschaft für Sie beide optimal verläuft. Diese Meditation zeigt Ihnen, wie Sie Ihre Aufmerksamkeit –
durch Blick, Klang und Duft – auf den »Garten des Wachstums« in sich
selbst richten können und es dabei Ihren positiven inneren Kräften
ermöglichen, Ihr Baby sicher durch diese wichtige Zeit zu geleiten.

Wie diese Meditation gemacht wird

Suchen Sie sich einen Platz im Garten oder ein stilles Fleckchen im Park,
an dem Sie Elemente der Natur wahrnehmen können, die Ihnen ein Gefühl
für das wachsende Leben in Ihrem Bauch geben. Wenn das Meditieren
noch neu für Sie ist und Sie sich draußen zu leicht ablenken lassen, setzen
Sie sich stattdessen in den Raum, den Sie
als Ihr Heiligtum ausgewählt haben. Das
wird einen beruhigenden Einfluss auf Sie
haben, der Ihnen hilft, sich zu konzentrieren. Vielleicht möchten Sie während
der Meditation auch eine Vase mit duftenden Blumen bei sich haben.

> *Sie müssen gar nicht erst in den Blumen-*
> *garten gehen. In Ihrem Körper selbst ist*
> *ein Garten.*
> SPRÜCHE VON KABIR

     Wenn Sie es sich bequem gemacht
haben, schließen Sie die Augen und
konzentrieren sich auf Ihre Atmung, indem Sie die Einatmungen zählen.
Konzentrieren Sie sich auf die Veränderungen in Ihrem Körper, während
Sie ein- und ausatmen. Betrachten Sie Ihre Atemzüge so, wie Sie die
unsichtbare, aber sehr reale Gegenwart Ihres Babys wahrnehmen – Sie
können es nicht sehen, aber Sie wissen, dass es da ist, jede Minute des
Tages. Wenn Ihre Atmung ganz gleichmäßig ist, beginnen Sie mit einer
Affirmation – einem positiven, bejahenden Satz. Suchen Sie sich eine der
hier aufgeführten Affirmationen aus oder nehmen Sie einfach eine eigene.
Lassen Sie das Wissen darum, dass jeder Atemzug Ihr Baby mit Sauerstoff
versorgt, die positive Botschaft dieser Affirmation unterstützen.
Wiederholen Sie den Satz so lange, bis er sogleich wohltuend auf Sie
wirkt. Sie können ihn auch als Mini-Meditation einsetzen, wenn quälende
Ängste auftauchen, die Sie durcheinander bringen.

✳ *Ich trage ein gesundes werdendes Leben in mir.*
✳ *Mein Körper ist ein sicherer Hafen für mein Baby.*
✳ *Mein Kind ist wohlbehalten und sicher in mir.*
✳ *Mein Kind ist ein einzigartiges Lebewesen.*

Der Gebrauch einer Affirmation versetzt Sie mental und körperlich in
einen Zustand, der nicht nur die gesunde Entwicklung Ihres Kindes
unterstützt, sondern auch beruhigend auf Sie wirkt und alle negativen
Gedanken, die Ihnen in den Sinn kommen, neutralisiert. Eine Affirmation
sollte Ihren Geist so durchdringen, dass sie keine reine Ansammlung von
Worten mehr ist, sondern zu einem Teil Ihrer selbst wird.

Keine Angst vor einer Fehlgeburt

Machen Sie diese Meditation,

◆ *wenn Sie sich Sorgen machen, dass Sie Ihr Baby verlieren könnten*

◆ *wenn Sie schon einmal eine Fehlgeburt hatten und jetzt die damit verbundenen Gefühle zulassen und zum Ausdruck bringen möchten*

◆ *wenn Sie lernen möchten, lieber in die Zukunft als in die Vergangenheit zu schauen*

Die Freude an der Schwangerschaft kann manchmal von der Angst beeinträchtigt werden, das Kind zu verlieren. Das ist eine Sorge, unter der viele zukünftige Mütter leiden. Sie ist verbunden mit dem starken Wunsch, ein gesundes Baby zu bekommen. Diese Ängste können besonders akut werden, wenn Sie in der Vergangenheit schon einmal eine Fehlgeburt erlebt haben. Dann ist es noch wichtiger, dass Sie während der ersten Monate entspannt und ruhig bleiben, damit Sie Ihre Schwangerschaft voll und ganz genießen können.

Zu einer Fehlgeburt kommt es, wenn der Fötus vor der achtundzwanzigsten Woche abgeht. Normalerweise liegt das an einer Anomalie des Fötus. Es kommt am häufigsten in den ersten paar Wochen vor – oft sogar bevor die Schwangerschaft überhaupt bestätigt oder auch nur vermutet wurde. Vielleicht hilft Ihnen der Gedanke, dass die Fehlgeburt ein Weg der Natur ist, eine Schwangerschaft zu beenden, die – aus welchem Grund auch immer – nicht voll ausgetragen werden konnte. Deshalb ist es wichtig, dass Sie nicht sich selbst die Schuld daran geben. Ärzte meinen, wenn das Risiko einer Fehlgeburt einmal besteht, gebe es so gut wie nichts, was Sie daran ändern könnten.

Die Kraft des positiven Denkens

Eine zuversichtliche Einstellung kann Ihnen helfen, während der ersten drei Schwangerschaftsmonate, in denen das Risiko einer Fehlgeburt am größten ist, mit Ihren Ängsten fertig zu werden und gelassen zu bleiben. Natürlich kann es schwierig sein, ruhig zu bleiben, wenn früher schon einmal eine Schwangerschaft so geendet hat. Aber denken Sie daran, dass bei der Mehrzahl der Frauen, die schon einmal eine Fehlgeburt hatten, die anschließende Schwangerschaft ganz normal verlief. Meditieren Sie über den Verlust Ihres Kindes und versuchen Sie nicht, Ihren Kummer zu verdrängen. Ihre Gefühle zu akzeptieren wird Ihnen helfen, sich von Herzen auf das neue Leben, das in Ihnen heranwächst, zu freuen.

Sich still hinzusetzen und auf den Atem zu konzentrieren ist ein hervorragender Weg, sowohl den Geist als auch den Körper zur Ruhe zu bringen. Die Art, in der Sie atmen, spiegelt Ihren Gefühlszustand wider. Wenn Ihre Gefühle hohe Wellen schlagen, steigt Ihr Stresspegel an und Ihre Atmung wird flach und hastig, was wiederum den Druck in Ihnen verstärkt. Wenn sich dagegen Ihre Atmung verlangsamt und entspannt, beruhigt sich Ihr Geist und die Spannung weicht aus Ihrem Körper.

Wie diese Meditation gemacht wird

Suchen Sie einen Ort auf, an dem Sie sich geborgen fühlen, und nehmen Sie eine möglichst bequeme Haltung ein.

Entspannen Sie Brustkorb und Bauch, damit Ihr Atem möglichst frei fließen kann. Atmen Sie ganz spontan – denken Sie nicht daran, dass Sie »richtig« atmen müssen! Bleiben Sie konzentriert, indem Sie jedes Einatmen zählen. Wenn Sie aus dem Takt kommen, wenden Sie Ihre Aufmerksamkeit wieder Ihrer Atmung zu. Wenn Sie sich schläfrig fühlen, konzentrieren Sie sich noch bewusster auf Ihre Körperwahrnehmungen. Wie hat sich Ihre Atmung verändert? Was fühlen Sie gerade?

Wenn die körperlichen und geistigen Abwehrmechanismen des Alltags nachlassen, kann es sein, dass Ängste und Kummer an die Oberfläche kommen. Lassen Sie schmerzliche oder ängstliche Gefühle zu, aber dann mit jedem Ausatmen auch wieder aus Ihrem Körper herausströmen. Wenn Sie früher einen Verlust erlitten haben, nutzen Sie diese Zeit der Stille, um sich davon zu verabschieden. Jetzt konzentrieren Sie sich auf die Zukunft und richten Ihre Gedanken auf das neue Baby in Ihnen. Legen Sie die Hände auf Ihren Bauch und visualisieren Sie die geschützte und wohlige Umgebung Ihrer Gebärmutter. Stellen Sie sich vor, wie all die Nahrung, die Ihr wachsender Fötus braucht, durch Plazenta und Nabelschnur zu Ihrem Baby gelangt. Spüren Sie, wie eng Sie beide miteinander verbunden sind, und versichern Sie sich selbst, dass alles gut werden wird.

GEFAHRENZEICHEN

Wenn es während Ihrer Schwangerschaft zu einer vaginalen Blutung und Schmerzen kommt, sollten Sie schnellstens ärztlichen Rat einholen.

- Legen Sie sich gleich hin und warten Sie auf Ihre Ärztin.
- Schieben Sie Kissen unter, um Beine und Hüften höher zu lagern.
- Nehmen Sie keinerlei Alkohol, Schmerzmittel oder andere Medikamente ein, bis Sie mit Ihrer Ärztin gesprochen haben.
- Setzen Sie eine kalte Kompresse oder einen Fächer ein, um einen kühlen Kopf zu bewahren. Vor allem denken Sie daran: Obwohl bei einem Viertel aller Schwangerschaften Vaginalblutungen auftreten, kommt es meistens doch zu einem glücklichen Ausgang.

Wie Sie in guter Verfassung bleiben

Machen Sie diese Meditation,

◆ *wenn Sie über Ihre Müdigkeit hinwegkommen möchten*
◆ *wenn Sie Ihre Energien konzentrieren möchten,*
  damit Sie sich nicht mehr so leicht ablenken lassen
◆ *wenn Sie es sich ohne Schuldgefühle gut gehen*
  lassen möchten

In den ersten drei Schwangerschaftsmonaten hat es Ihr Körper schwer, mit all den Aufregungen, denen Sie ausgesetzt sind, mitzuhalten. Wenn die erste Hochstimmung verflogen ist, fühlen Sie sich womöglich völlig erschöpft und wollen sich nur noch einigeln und stundenlang schlafen. Das war nicht anders zu erwarten. Ihr Körper muss mit enormen Veränderungen fertig werden, und selbst wenn Sie diese noch gar nicht wahrnehmen, hat er es doch schwerer als sonst.

Fühlen Sie sich nicht als Versagerin, wenn Sie jetzt nicht so viel schaffen wie vor der Schwangerschaft. Setzen Sie Prioritäten, erledigen Sie nur das wirklich Notwendige. Geben Sie einige Ihrer Aktivitäten auf. Für Sie und Ihr ungeborenes Kind ist es wichtig, dass Sie jetzt Zeit für sich haben. Gestalten Sie Ihren Tag um Augenblicke der Ruhe herum. Dadurch wird der Stoffwechsel verlangsamt, der Geist zur Ruhe gebracht und verlorene Energie zurückgewonnen.

Wie diese Meditation gemacht wird

Durch gezielte Körperwahrnehmung können Sie ein Gefühl dafür entwickeln, was Ihr Körper braucht. Setzen Sie sich in aufrechter Haltung bequem hin: auf einen Stuhl oder auf ein Kissen auf dem Boden, vielleicht mit dem Rücken an die Wand gelehnt. Legen Sie die Hände in den Schoß, schließen Sie die Augen und lassen Sie Ihre Atmung zur Ruhe kommen.

Gehen Sie Ihren Körper von Kopf bis Fuß durch, nehmen Sie die Verspannungen in jedem Bereich wahr, spannen Sie dort die Muskeln fest an und lassen wieder locker. Stellen Sie sich selbst Fragen wie etwa: »Was macht meine Schultern so müde und wie kann ich das ändern?« Während Sie die Untersuchung fortsetzen, überprüfen Sie Ihre Prioritäten und fragen sich, was Sie heute noch erledigen und worauf Sie Ihre Energie konzentrieren müssen. Obwohl das etwas Übung braucht, sollten Sie Ihrem Urteil vertrauen. Lassen Sie Ihren Geist die Fragen stellen und die Antworten werden ganz von selbst auftauchen.

Erhöhen Sie Ihren Energiepegel, indem Sie visualisieren, wie Sie alle Aufgaben ganz positiv und entspannt erledigen. Seien Sie flexibel und realistisch – an einem Tag wollen Sie vielleicht nur acht Stunden im Beruf überstehen, während Sie ein andermal etwas ganz Bestimmtes erledigen möchten. Sie können Ihre eigene Visualisierung nehmen oder eine der folgenden ausprobieren.

- *Stellen Sie sich vor, dass Energie Sie vom Scheitel bis zur Sohle durchströmt wie ein Wasserfall. Sie spüren, dass diese Energie Ihnen hilft, alles zu tun, was Sie wollen, dass Sie jedes Hindernis überwinden und am Ende mit Ihrer Leistung zufrieden sein werden.*
- *Visualisieren Sie sich in Ihrem Arbeitsumfeld. Sie sind sehr beschäftigt, wissen aber genau, was zuerst getan werden muss und was noch warten kann. Sie sind zuversichtlich und glücklich und machen Ihre Arbeit gern.*

Mini-Meditation zum Herunterschalten

Ständige Eile und der Versuch, zu viele Dinge in einen Tag zu quetschen, sind der schnellste Weg zur Erschöpfung. Hektische Aktivität treibt nicht nur Ihren Stoffwechsel und Stresspegel hoch, sondern verschwendet auch kostbare Energie. Diese Übung hilft Ihnen, alles etwas leichter zu nehmen.

Greifen Sie sich eine Alltagstätigkeit wie das Anziehen heraus und lassen Sie sich dabei absichtlich mehr Zeit. Nehmen Sie sich so viel Zeit, dass Sie sich nicht abhetzten müssen. Konzentrieren Sie sich auf jede einzelne Bewegung. Beobachten Sie, in welcher Zeit Sie den Schrank aufmachen und einen Bügel herausnehmen. Bewegen Sie sich hastig und unbeholfen oder geschmeidig und gelassen? Wie atmen Sie? Genießen Sie Ihre Sinneswahrnehmungen: wie sich der Stoff anfühlt, welches Geräusch der Reißverschluss beim Hochziehen macht, wie die frisch gewaschene Bluse duftet. Bleiben Sie ganz auf die Gegenwart konzentriert und kümmern Sie sich nicht um all das, was Sie eigentlich tun »sollten«. Bleiben Sie ein paar Tage dabei und beobachten Sie, was sich verändert.

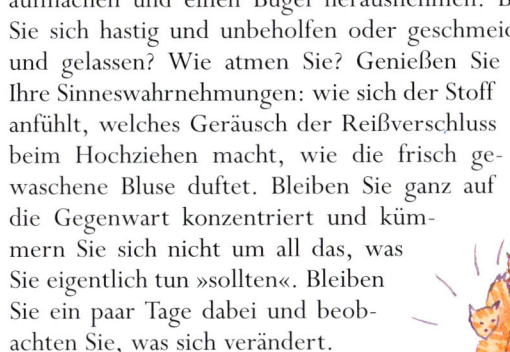

Die ersten körperlichen Beschwerden

Machen Sie diese Meditation,

◆ *wenn Sie Angst haben, dass die Übelkeit niemals aufhört*
◆ *wenn Sie entspannt bleiben möchten, obwohl Ihnen körperlich nicht wohl ist*
◆ *wenn Sie sich stärker auf die positiven Aspekte der Schwangerschaft konzentrieren möchten*

Viele Frauen leiden im ersten Schwangerschaftsdrittel unter Morgenübelkeit, Sodbrennen oder überempfindlichen Brüsten. Es ist wichtig, dass Sie diesen Unpässlichkeiten nicht allzu viel Gewicht beimessen. Versuchen Sie lieber, positiv zu denken: Diese Beschwerden gehören zum natürlichen Anpassungsprozess Ihres Körpers an die Veränderungen und zeigen, dass Ihre Schwangerschaft sich gut entwickelt. Sie können die Symptome auch als Beweis dafür ansehen, dass da wirklich neues Leben in Ihrem Bauch heranwächst. Das mag Ihnen schwierig vorkommen, besonders wenn Sie sich sehr gewünscht haben, schwanger zu werden, und nun merken, dass Ihnen dabei ständig übel ist. Aber seien Sie gewiss: Diese Beschwerden dauern nicht ewig und nach den ersten zwölf Wochen werden Sie vor Gesundheit und Energie nur so strotzen.

Wenn Sie fest daran glauben, dass es Ihnen bald besser gehen wird, kann das einen enormen Einfluss auf Ihr Wohlbefinden haben. Es kann Ihnen helfen, bei Unpässlichkeiten entspannt zu bleiben und eine positive Einstellung zu den Symptomen zu entwickeln. Mehr noch: Meditation verschafft Ihnen bei vielen Beschwerden körperliche Erleichterung, weil sie Ihre Atmung und andere Körperfunktionen regulieren kann.

Wie diese Meditation gemacht wird

Machen Sie es sich mit vielen Kissen so richtig bequem. Wenn Ihnen übel ist oder Ihre Brüste sehr empfindlich sind, ziehen Sie für diese Übung lockere Kleidung an und legen sich hin.

Besonders bei Übelkeit kann es sehr helfen, sich auf die Atmung zu konzentrieren. Beginnen Sie mit Ihrer normalen Atmung und zählen Sie jedes Ausatmen, bis Sie bei zehn angelangt sind. Dann wiederholen Sie das

DIE MORGENÜBELKEIT

Etwa die Hälfte aller Schwangeren leidet an Morgenübelkeit. Bei den meisten sind die Symptome im ersten Schwangerschaftsdrittel am schlimmsten und legen sich danach ganz oder zumindest teilweise.

Der genaue Grund für die Morgenübelkeit liegt nach wie vor im Dunkeln. Experten glauben, dass sie mit der hohen Hormonkonzentration im Blutkreislauf der werdenden Mutter zusammenhängen könnte, und zwar besonders mit dem Progesteron, das während der ersten 12–14 Wochen in den Eierstöcken produziert wird. Zudem fällt der Blutzuckerspiegel in der Schwangerschaft leicht ab, was zu Übelkeit führen kann, wenn Sie den ganzen Abend über nichts gegessen haben oder generell zu wenig essen.

Obwohl sie meistens morgens auftritt, kann die Übelkeit den ganzen Tag über anhalten. Im schlimmsten Fall – aber dazu kommt es nur selten – kann starkes Erbrechen wegen des damit verbundenen Flüssigkeitsverlustes einen Krankenhausaufenthalt notwendig machen. Und so begegnen Sie der Morgenübelkeit:

✦ Essen Sie wenig, dafür aber oft.
✦ Vermeiden Sie stark gewürztes und intensiv riechendes Essen.
✦ Essen Sie kohlehydratreiche Lebensmittel wie Kartoffeln und Getreide.
✦ Meiden Sie Zigarettenrauch und Parfüms.

Ganze und zählen Sie jetzt jedes Einatmen. Das lenkt Sie von den Symptomen ab und richtet Ihre Aufmerksamkeit auf die Atmung. Konzentrieren Sie sich ganz auf jeden Atemzug und erinnern Sie sich dabei an eine Situation, in der Sie sich fit und energiegeladen fühlten. Konzentrieren Sie sich auf dieses Wohlgefühl, lassen Sie es durch sich hindurchströmen und alles Unwohlsein hinwegschwemmen.

Setzen Sie eine Visualisierung ein, um Ihr Unwohlsein in eine positive Erfahrung zu verwandeln oder es sogar ganz loszuwerden. Wenn Zweifel oder Schmerzen aufkommen, hilft Ihnen vielleicht diese Geschichte über Buddha weiter: Es heißt, dass Buddha während eines Angriffs einer feindlichen Armee in Meditation versunken dasaß und die herumfliegenden Geschosse in harmlose, süß duftende Blumen verwandelte. Setzen Sie nun eine der folgenden Visualisierungen ganz nach Ihren persönlichen Bedürfnissen ein:

◆ *Wenn Sie unter überempfindlichen Brüsten leiden, stellen Sie sich vor, dass Ihr Baby schon geboren ist. Sie halten es an Ihre Brust und spüren, dass die Empfindlichkeit vom Saugen Ihres Babys herrührt und dass Sie die Einzige sind, die die Bedürfnisse Ihres Babys befriedigen kann. Ihr Baby hat nur Augen für Sie und liegt warm und sicher in Ihren Armen.*

◆ *Wenn Sie unter Morgenübelkeit leiden, visualisieren Sie Ihren Körper auf einem Fernsehbildschirm. Nehmen Sie wahr, wie die schmerzfreien Körperzonen in weißem Licht aufleuchten. Dann konzentrieren Sie sich auf diejenigen schmerzenden Stellen, die Sie heilen möchten. Stellen Sie sich vor, dass sich das Licht langsam über Ihren ganzen Körper ausbreitet und genießen Sie Ihren strahlend gesunden Körper.*

Wie Sie Ihren Seelenfrieden finden

Machen Sie diese Meditation,

◆ *wenn Sie Ihre Gefühle unter Kontrolle halten möchten*
◆ *wenn Sie die unvermeidlichen Veränderungen akzeptieren möchten*
◆ *wenn Sie mit plötzlichen Tränenausbrüchen zurechtkommen möchten*
◆ *wenn Sie mit Verunsicherungen in Ihrer Partnerschaft richtig umgehen möchten*
◆ *wenn Sie Ihr eigenes Bedürfnis nach Bemuttertwerden zulassen möchten*

Eine Schwangerschaft ist eine große Herausforderung für das Gefühlsleben und es ist nicht immer leicht, mit den enormen Stimmungshochs und -tiefs fertig zu werden. In einem Moment blicken Sie voller Begeisterung in die Zukunft, im nächsten sind Sie niedergeschlagen und fragen sich verunsichert, ob Sie mit den Veränderungen in Ihrem Leben und mit einem Neugeborenen überhaupt zurechtkommen können. Hormonschwankungen können Ihre Ängste und Sorgen noch verstärken, was – ähnlich wie in der Zeit vor der Periode – zu einem Stimmungstief führen kann.

Bringen Sie das innere Chaos zur Ruhe.
DR. HERBERT BENSON

Darüber hinaus kommen in der Schwangerschaft Gefühle, die für gewöhnlich unterdrückt werden, viel leichter als sonst an die Oberfläche. Betrachten Sie diese Zeit daher als Chance, sich mit all den ungelösten Fragen Ihres Lebens, etwa in Bezug auf Ihre Partnerschaft, zu befassen. Die Klärung alter Konflikte wird Ihnen helfen, das neue Leben in sich und all die Veränderungen, die es mit sich bringt, willkommen zu heißen. Zu akzeptieren, dass Ihr Leben von jetzt an anders verläuft und Sie deswegen durchaus widersprüchliche Gefühle haben dürfen, ist der erste Schritt zum Seelenfrieden.

Meditation kann Ihnen helfen, den inneren Aufruhr zu besänftigen, negative Gefühle zuzulassen und sie durch positives Denken umzuwandeln oder zu verabschieden. Das Nachdenken über Ihr bisheriges und zukünftiges Leben wird Ihr Vertrauen in sich selbst und in Ihre Fähigkeit zur Elternschaft festigen. Wenn es Ihnen schwer fällt, genau zu sagen, was Sie am meisten beunruhigt, können Ihnen geistige Konzentration, Musik und Mantras dabei helfen, mit jeder Ihrer Stimmungsschwankungen sinnvoll umzugehen.

Wie diese Meditation gemacht wird

Musik eignet sich wunderbar dazu, aufgewühlte Gefühle und Ängste zu besänftigen. Meditation schärft all unsere Sinne, und der Gehörsinn kann eine besondere Hilfe sein, die Verwirrungen des Denkens aufzulösen und die Dinge wieder in der richtigen Perspektive zu sehen.

Wenn sich Ihre Gedanken wieder einmal immer im Kreis herumdrehen, nehmen Sie sich Zeit, um in aller Ruhe Ihre Lieblingsmusik zu hören. So können Sie sich überall eine Oase der Ruhe schaffen – auch wenn Sie einfach nur mit geschlossenen Augen im Auto sitzen und Musik hören. Dafür eignet sich jede Art von Musik ohne Gesang. Nehmen Sie etwas, das für Sie eine besondere Bedeutung hat und – je nach Stimmung – erbaulich, anregend oder beruhigend auf Sie wirkt.

Konzentrieren Sie sich darauf, welchen Widerhall die Musik in Ihrem Körper findet und welche Wirkung sie auf Ihre körperliche Verfassung hat. Machen Sie sich bewusst, dass Ihre eigene Ruhe auch Ihrem Baby gut tut. Falls die Musik Assoziationen und innere Bilder hervorruft, akzeptieren Sie sie und vertiefen Sie Ihre Meditation. Aber lassen Sie sich nicht ablenken, fragen Sie sich immer wieder, ob Sie noch der Musik folgen.

Wenn Ihr Geist zu wandern beginnt, bringen Sie ihn sanft zurück. Vielleicht möchten Sie die positiven Gefühle, die die Musik in Ihnen auslöst, auch durch eine Affirmation vertiefen. Probieren Sie es mit einem der folgenden Sätze oder – je nach Stimmung – mit einer eigenen Affirmation:

> ✴ *Ich nehme mich so an, wie ich bin.*
> ✴ *Ich nehme wahr, was mir in den Sinn kommt*
> *und meinen Seelenfrieden stört.*
> ✴ *Meine Familie wird glücklich und gesund sein.*

Wenn Sie sich durch negative Gedanken ablenken lassen, versuchen Sie, diese als »Straßensperren« auf dem Weg zum Seelenfrieden zu betrachten. Setzen Sie Ihre Affirmation ein, um diese geistigen Hindernisse wahrzunehmen, und denken Sie positiv darüber nach, wie Sie sie umgehen können. Nehmen Sie sich nach der Meditation noch ein bisschen Zeit, um zu würdigen, dass Ihre Ängste sich gelegt haben.

Was mir geholfen hat

Als meine Gefühle so stark waren, dass ich mich nicht mehr richtig konzentrieren konnte, haben mir Aromatherapie und Duftkerzen geholfen. Meine Lieblingssorten waren Lavendel zur Beruhigung und Heilung, Neroli (Pomeranze) zur Entspannung und Sandelholz zur Vertrauensbildung. Überprüfen Sie aber immer, ob der jeweilige Duft auch für die Schwangerschaft geeignet ist.

Meditation für allein erziehende Mütter

Machen Sie diese Meditation,

◆ *wenn Sie über Einsamkeitsgefühle hinwegkommen möchten*
◆ *wenn Sie mit Mut und Zuversicht in die Zukunft blicken möchten*
◆ *wenn Sie Ihr Selbstvertrauen und die Kraft Ihrer Überzeugungen stärken wollen*
◆ *wenn Sie zu innerem Frieden finden möchten*

Viele Frauen empfinden die ersten Anzeichen der Schwangerschaft als sehr aufregend, manche fühlen sich aber auch ängstlich und isoliert. Als zukünftige allein erziehende Mutter fragen Sie sich vielleicht, wie Sie das schaffen sollen. Während des ersten Schwangerschaftsdrittels werden Sie jedoch viel in sich hineinhorchen und Kräfte und Gefühle entdecken, von denen Sie vielleicht noch gar nichts wussten. Sie werden lernen, für Ihr Kind und für alles, was die Zukunft bringen mag, stark zu sein. Außerdem sind Sie ja nicht allein: Sie haben Freunde und Familie. Vielleicht möchten Sie jemanden bitten, Sie zu den Vorsorgeuntersuchungen zu begleiten und bei der Geburt dabei zu sein.

*Nichts auf der Welt steht allein.
Durch ein göttliches Gesetz
begegnen und vermischen sich alle Dinge
in dem einen Geist.*
PERCY SHELLEY, LIEBESPHILOSOPHIE

Es ist wichtig, dass Sie Ihre Energie positiv einsetzen, sich auf die schönen Aspekte des Lebens konzentrieren und alles, was nicht wirklich bedeutsam ist, hinter sich lassen. Diese Meditation stärkt Ihren Glauben an sich selbst und räumt Ihre Zweifel aus. Es ist etwas ganz Besonderes, ein Kind ganz auf sich gestellt zur Welt zu bringen, es erfordert Kraft und großen Mut. Feiern Sie diesen Mut und denken Sie positiv. Sie werden eine sehr innige Beziehung zu Ihrem Kind haben. Es wird Ihre ganze Liebe, Ihre Führung und Ihren Schutz brauchen.

Wie diese Meditation gemacht wird

Suchen Sie einen ruhigen Ort auf, an dem es Ihnen leicht fällt, sich sicher und geborgen und damit auch kompetent und mutig zu fühlen. Nehmen Sie sich einen Moment Zeit, um mit einer Technik wie zum Beispiel dem Atemzählen zur Ruhe zu kommen. Schließen Sie dann die Augen und visualisieren Sie all das, was Sie als Mutter jetzt und in den kommenden Jahren tun können. Wenn dabei Verletztheit, Groll oder Wut in Ihnen aufsteigt, werden Sie sich dieser Gefühle bewusst und lassen sie dann wieder weiterziehen.

Visualisierungen können Ihnen dabei helfen, sich selbst zu lieben und Ihre jetzige Situation ganz anzunehmen. Wenn Sie sich fragen, ob Sie das Richtige getan haben, lässt eine Visualisierung Sie leichter akzeptieren, dass der Weg, auf dem Sie nun einmal sind, in ein positives und glückliches Leben führt.

◆ *Stellen Sie sich vor, dass Sie eine wunderschöne Allee hinuntergehen — langsam, aber voller Zuversicht und Vertrauen. Gelegentlich müssen Sie ein Schlagloch überwinden oder um einen großen Stein herumgehen, aber Sie sehen diese Hindernisse auf sich zukommen und können leicht damit fertig werden. Ihr Gang ist nicht schleppend, sondern federnd und voller Energie, weil Sie genau wissen, dass Sie auf etwas Wunderschönes, auf eine unendliche Erfüllung zugehen.*

Mini-Meditation für Augenblicke des Selbstzweifels

Wenn Sie von Ängsten gequält werden, helfen Mantras besonders gut. Suchen Sie sich einen leicht zu merkenden Satz, den Sie sich immer dann ins Bewusstsein rufen können, wenn Sie das Bedürfniss nach Selbstbestätigung haben. Das Mantra könnte aus einem kurzen Satz bestehen, der für Sie persönlich eine besondere Bedeutung hat und Ihnen Kraft gibt. Wenn Sie religiös sind, könnte es ein Satz mit spiritueller Bedeutung sein. Vielleicht ziehen Sie auch die Silbe »Om« vor, deren Klang allein schon beruhigend wirkt. Erfinden Sie selbst etwas oder probieren Sie es mit einem der folgenden Mantras:

＊ *Ich bin voller Glück, Kraft und Zuversicht.*
＊ *Om mani padme hum (das wunderbare tibetisch-buddhistische Mantra mit der Bedeutung »Heil dem Juwel im Lotos«.)*
＊ *Wir zwei sind etwas ganz Besonderes.*

Rufen Sie Ihr Mantra jederzeit zur Hilfe: Sagen Sie es laut, wenn Sie allein sind, und still für sich, wenn Sie unter Leuten sind.

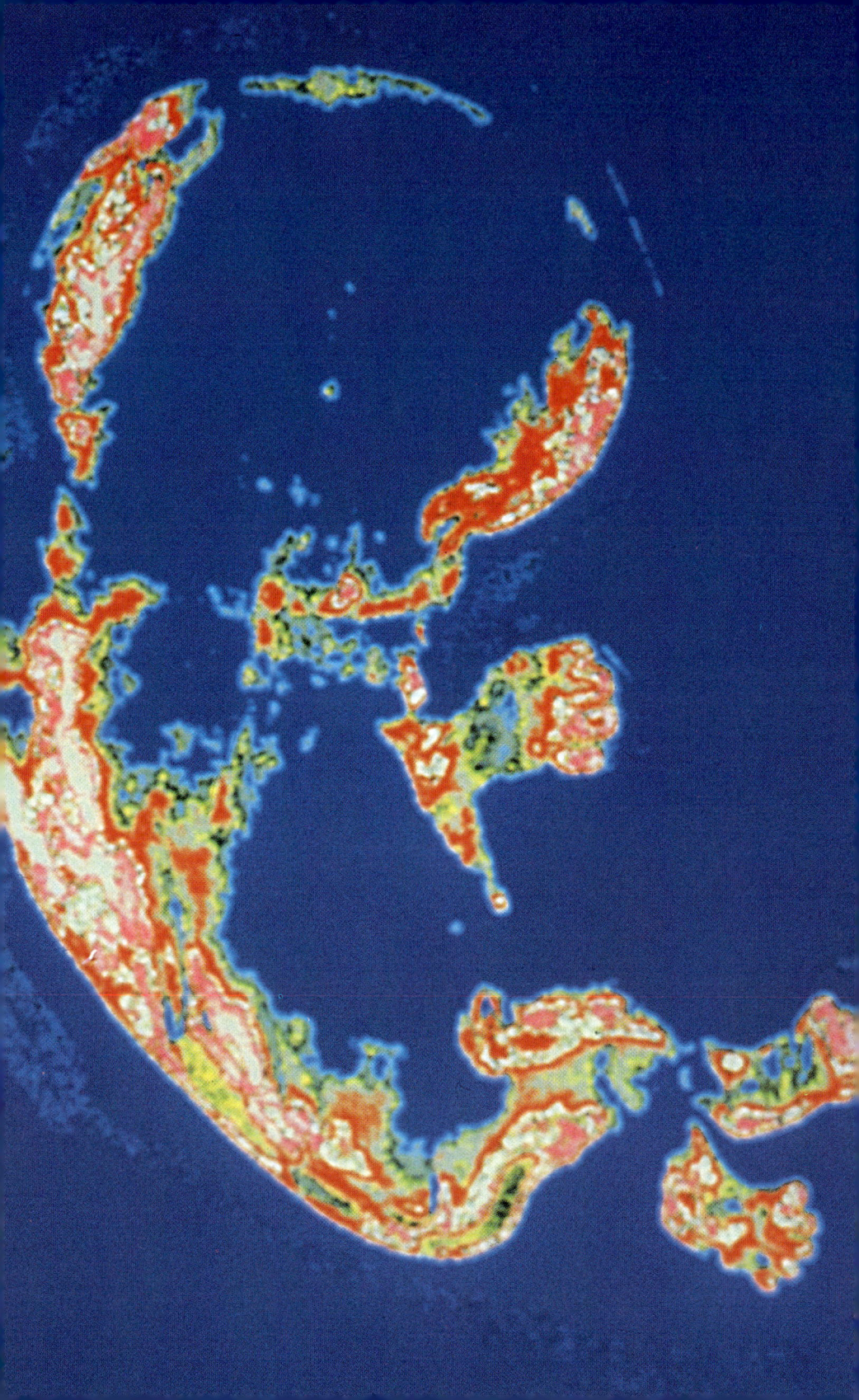

Das zweite Drittel der Schwangerschaft

Das zweite Schwangerschaftsdrittel umfasst die nächsten sechzehn Wochen Ihrer Schwangerschaft und ist oft die angenehmste Phase. Sie werden merken, dass Sie nicht mehr so müde sind und mehr Energie haben, um sich all den anstehenden Veränderungen zu widmen. Machen Sie das Beste aus dieser wunderbaren Zeit! Ihr Bauch wird jetzt runder und Ihre Taille gerät aus der Form. Bis zur achtundzwanzigsten Woche wird sie ganz verschwunden sein, Sie werden etwa sechs Kilo zugenommen haben und einen ganz schönen Bauch vor sich herschieben. Hegen und pflegen Sie Ihr Baby und sich selbst, indem Sie gesund essen, sich viel Ruhe gönnen und gut auf Ihren Körper achten, um Problemen wie Rückenschmerzen und geschwollenen Knöcheln vorzubeugen.

Geburtsvorbereitung für Paare

Machen Sie diese Meditation,

◆ *wenn Sie sich fragen, welche Auswirkungen das Baby auf Sie beide als Individuum und als Paar haben könnte*

◆ *wenn Sie als Team zusammenarbeiten möchten*

◆ *wenn Sie einander Ihre Liebe bestätigen möchten*

◆ *wenn Sie die Befürchtung haben, dass Ihr Partner sich nicht genügend engagieren könnte*

Nun, da Sie im zweiten Schwangerschaftsdrittel sind und sich Ihr wachsender Bauch immer deutlicher zeigt, beginnen Sie und Ihr Partner sich vielleicht Gedanken darüber zu machen, welche Auswirkungen die Elternschaft auf Sie beide haben wird. Die freudige Erregung, Eltern zu werden, bringt unvermeidlich auch Sorgen mit sich. Vielleicht haben Sie Angst vor dem Verlust Ihrer Unabhängigkeit oder befürchten, dass Ihr Partner sich nicht so stark engagiert, wie Sie sich das wünschen. Er dagegen macht sich vielleicht Sorgen, nach der Geburt außen vor zu sein oder das Finanzielle nicht geregelt zu bekommen, wenn Sie nicht mehr arbeiten.

Ein gemeinsames Kind ist eine natürliche Weiterentwicklung Ihrer Beziehung. Erleben Sie das erste Strampeln Ihres Babys zusammen.

Wenn Sie sich auf Ihre Zusammengehörigkeit als Paar konzentrieren und Ihren Gefühlen gegenüber offen sind, werden Sie mit der Aufregung – ebenso wie mit der Freude – über Ihren Nachwuchs gut zurechtkommen. Beziehen Sie Ihren Partner so viel wie möglich mit ein. Lesen Sie mit ihm zusammen nach, wie sich Ihr Baby von Woche zu Woche entwickelt, und lassen Sie ihn Ihren Bauch halten, wenn Sie etwa ab der zwanzigsten Woche die ersten Kindsbewegungen verspüren. Betrachten Sie sich als Team, das eine geschützte Umgebung für Ihr Ungeborenes bereitstellt. Vor allem aber akzeptieren Sie, dass es jetzt neue Prioritäten in Ihrem Leben gibt und Ihre Beziehung sich zwangsläufig verändern wird – größtenteils zum Besseren. Wenn Sie jetzt lernen, Konflikte gleich zu lösen, werden Sie es auch schaffen, wenn Ihr Kleines angekommen ist.

Wie diese Meditation gemacht wird

Die Meditation zu zweit kann eine wunderschöne Erfahrung sein. Sitzen Sie still zusammen und konzentrieren Sie sich auf die Zukunft mit Ihrem Kind. Auch wenn Sie nicht erwarten können, dass Sie dabei immer das Gleiche erleben, werden Sie sich mit der Zeit doch immer besser aufeinander einstimmen. Die folgende Meditation ist gleichermaßen für Sie wie für Ihren Partner geeignet. Falls Sie beide nicht sehr geübt im Meditieren sind, beeinträchtigt es vielleicht die Konzentration, wenn einer oder beide laut meditieren – also schweigen Sie dabei am besten.

Suchen Sie einen Ort auf, wo Sie es sich beide bequem machen können. Vielleicht brauchen Sie einen Stuhl, während Ihr Partner lieber auf dem Boden sitzt. Beginnen Sie mit der Konzentration auf Ihre Atmung, lassen Sie sie langsam und gleichmäßig werden und spüren Sie, wie die Anspannung aus Ihrem Körper weicht. Seien Sie sich der Gegenwart Ihres Partners bewusst, aber lassen Sie sich dadurch nicht in Ihrer Konzentration stören. Hören Sie eines Ihrer Lieblingsmusikstücke – möglichst ohne Gesang, das lenkt am wenigsten ab. Die Musik dient dazu, eine ruhige Atmosphäre zu schaffen und die Atemgeräusche Ihres Partners zu überdecken.

Lassen Sie nun Bilder davon auftauchen, wie Sie sich Ihr Leben wünschen, wenn das Baby geboren ist. Sie zum Beispiel könnten sich wünschen, eine fürsorgliche Mutter und doch zugleich eine eigenständige Persönlichkeit zu sein. Stellen Sie sich vor, wie Sie sich liebevoll um Ihr Kind kümmern, sich aber auch mit Freundinnen treffen, ein gutes Buch lesen und über die neusten Nachrichten diskutieren. Ihr Partner möchte vielleicht Sie alle zusammen als Familie sehen, wobei er eine aktive Rolle in der Kinderbetreuung übernimmt und Ihnen bei Bedarf eine Ruhepause verschafft. Außerdem sollten Sie beide Zeit für das Alleinsein zu zweit visualisieren. Alle frisch gebackenen Eltern müssen neben dem Familienleben auch ihre ganz persönliche Beziehung pflegen.

Bleiben Sie 15 Minuten lang bei diesen Bildern und sprechen Sie dann darüber, was Sie visualisiert haben, welche Blockaden bei der Ausgestaltung Ihrer inneren Bilder aufgetreten sind und wie Sie diese Blockaden bei Ihrer nächsten gemeinsamen Meditation auflösen können.

Rückenschmerzen und Beschwerden

Machen Sie diese Meditation,

◆ wenn Sie eine positive Einstellung zu den Reaktionen Ihres Körpers auf die Schwangerschaft entwickeln möchten
◆ wenn Sie verhindern möchten, dass Probleme auftreten
◆ wenn Sie besonnen auf eventuelle körperliche Beschwerden reagieren möchten

Nun, da sich die Müdigkeit und die Übelkeit der ersten Wochen gelegt haben, fühlen Sie sich wahrscheinlich schon viel besser und haben weit mehr Energie für die Bewältigung des Alltags. Trotzdem können immer noch kleinere Probleme auftreten.

Die häufigsten Beschwerden im zweiten Schwangerschaftsdrittel sind Rückenschmerzen. Sie werden durch die vermehrte Blutzufuhr im Beckenbereich ausgelöst, die das Gewebe und die Bänder in Vorbereitung auf die Wehen lockert. Die Bänder werden flexibler und sind weniger belastbar, zumal sich Ihr Körperschwerpunkt durch das zusätzliche Gewicht, das Sie jetzt tragen, verschiebt. Auch die Spannung im Magendarmtrakt lässt jetzt nach. Das kann zu Sodbrennen führen, weil die Lockerung des am Mageneingang befindlichen Muskels Magensäure austreten lassen kann. Wegen der verminderten Darmbewegung kann es in dieser Zeit zu Verstopfung kommen. Vielleicht müssen Sie jetzt auch öfter Wasser lassen, weil Ihr Baby auf die Blase drückt. Da Ihr Körper in der Schwangerschaft mehr Wasser als sonst speichert, können Ihre Finger, Knöchel und Füße anschwellen, besonders bei längerem Stehen oder wenn Ihnen heiß ist. Regelmäßiges Meditieren kann all diese Beschwerden lindern.

Wie diese Meditation gemacht wird

Je dicker Sie werden, umso schwerer fällt es Ihnen vielleicht, längere Zeit bequem in derselben Körperhaltung zu sitzen. Wechseln Sie die Haltung, wann immer Sie sich unbehaglich fühlen, aber tun Sie es mit möglichst wenig Aufwand und sorgen Sie dafür, dass Sie immer genügend Polster und Kissen zur Hand haben. Konzentrieren Sie sich auf Ihre Atmung und verwenden Sie als eine Art »Gedächtnisstütze« immer dieselbe Handstellung, damit Sie möglichst leicht da wieder anknüpfen können, wo Sie die Meditation unterbrochen haben. Eine verbreitete Meditations-Handstellung ist das leichte Aneinanderlegen von Daumen und Zeigefinger derselben Hand, während die anderen Finger ausgestreckt oder leicht gebeugt sind. Sie können die Hände aber auch mit nach oben gerichteten Handflächen auf die Knie legen.

Nun konzentrieren Sie sich mit einer der Körperwahrnehmungs-methoden auf die verspannten Körperbereiche. Atmen Sie langsam und konzentrieren Sie sich auf diejenigen Körperzonen, die Hilfe brauchen. Wenn Sie zum Beispiel unter Rückenschmerzen leiden, wenden Sie sich jeder einzelnen schmerzenden oder verspannten Stelle am Rücken, an den Schultern oder im Kreuzbereich zu. Konzentrieren Sie sich auf Ihre Atmung und stellen Sie sich vor, dass die jeweilige Problemstelle sich beweglich, stark und gesund anfühlt. Nehmen Sie sich fünf bis zehn Atemzüge Zeit für jeden Bereich und spüren Sie, wie Schmerz und An-spannung nachlassen. Wenn Sie nicht genau wissen, woher der Schmerz kommt, visualisieren Sie Ihren Rücken als Ganzes. Machen Sie sich die Gelegenheiten bewusst, bei denen Sie sich besonders leicht verspannen, und erinnern Sie sich daran, dass Sie dann auf diese Weise Ihre Beschwer-den lindern können.

KÖRPERLICHEN PROBLEMEN VORBEUGEN

Mit einer Reihe praktischer Maßnahmen können Sie den typischen Beschwerden des zweiten Schwangerschaftsdrittels vorbeugen:

• Rückenschmerzen: Heben oder tragen Sie keine schweren Gegenstände und ziehen Sie flache Schuhe an. Die Alexandertech-nik kann Ihnen zu einer guten Körper-haltung verhelfen. Mit einer osteo-pathischen Behandlung oder Chiropraktik können Rückenschmerzen gelindert werden.

• Eine schwache Blase: Schaukeln Sie auf der Toilette vor und zurück, um den Druck auf die Blase zu reduzieren und eine vollständige Entleerung zu erreichen. Trinken Sie spät am Abend nichts mehr, wenn Sie nachts oft aufstehen müssen.

• Sodbrennen: Nehmen Sie mehrmals am Tag kleine Mahlzeiten zu sich, um den Magen nicht zu sehr anzufüllen. Trinken Sie Milch, um die Magen-säure zu neutralisieren.

• Verstopfung: Nehmen Sie viele Ballast-stoffe zu sich, die in Obst, Gemüse, Vollkornbrot und Kleie vorkommen und trinken Sie sehr viel Wasser.

• Wasseransammlungen: Vermeiden Sie langes Stehen, tragen Sie bequeme Schuhe und legen Sie so oft wie mög-lich die Füße hoch. Kreisen Sie in beide Richtungen mit den Füßen, um Schwellungen vorzubeugen.

Die Vorsorgeuntersuchungen

Machen Sie diese Meditation,

◆ *wenn Sie sich um das Wohlergehen Ihres Babys sorgen*
◆ *wenn Sie Angst vor den Vorsorgeuntersuchungen haben*
◆ *wenn Sie beim Warten auf die Testergebnisse das große Zittern überkommt*

Nun, da die Unsicherheit der ersten Wochen überstanden ist, fühlen Sie sich wahrscheinlich besser. Irgendwann in dieser Zeit beginnen die Vorsorgeuntersuchungen, die sicherstellen sollen, dass Sie bei guter Gesundheit sind und dass Ihr Baby sich richtig entwickelt. Dafür stehen verschiedene Untersuchungsmethoden zur Verfügung. Obwohl die meisten nicht-invasiv sind, bergen einige doch kleinere Risiken in sich (siehe Kasten rechts), weshalb Sie die Notwendigkeit jeder Untersuchung mit Ihrer Ärztin besprechen sollten.

Die meisten Schwangerschaften verlaufen völlig normal. Trotzdem können die Untersuchungen stressig sein, besonders wenn Sie sich womöglich wegen Ihres Alters oder wegen Krankheiten in der Familie Sorgen machen. Dieser Stress kann wiederum Ihr Wohlbefinden beeinträchtigen, und obwohl kurzzeitiger Stress Ihrem Baby nicht weiter schadet, nimmt es doch Ihre körperliche Anspannung wahr.

Denken Sie positiv

Wenn Sie nachts aus Angst vor den Vorsorgeuntersuchungen wach liegen, versuchen Sie, sie als positive Vorgänge zu betrachten, die dazu gedacht sind, Ihnen und Ihrem Baby zu einer gesunden und erfolgreichen Schwangerschaft zu verhelfen.

Wie diese Meditation gemacht wird

An den Untersuchungstagen können Sie eine ausführliche Meditation mit einer Mini-Meditation kombinieren. Auf diese Weise können Sie sich in Ruhe darauf vorbereiten, bevor Sie aus dem Haus gehen. Auf dem Weg in die Klinik, im Wartezimmer und sogar während des Ultraschalls können Sie dann eine ganz einfache Technik anwenden, die Sie auf positive Gedanken bringt und Ihnen innere Ruhe und Ausgeglichenheit vermittelt. Zuerst konzentrieren Sie sich auf Ihre Atmung. Nehmen Sie wahr, wie sie sich mit jedem Ausatmen ganz natürlich verlangsamt und reguliert. Zählen Sie jedes Ausatmen bis etwa zehn und beginnen Sie dann wieder von vorn. In Ihrer Hauptmeditation behalten

WAS VORSORGEUNTERSUCHUNGEN BEZWECKEN

Ihr Gesundheitszustand und der Ihres Babys werden jetzt regelmäßig überwacht. Bei den Routineuntersuchungen wird Ihr Blutdruck auf Anzeichen für eine Präeklampsie oder Bluthochdruck überprüft, die sich durch geschwollene Hände und Füße sowie durch Eiweiß im Urin bemerkbar machen. Weiterhin wird Ihr Urin auf Hinweise auf eine Harnwegsinfektion oder eine beginnende Diabetes untersucht. Mit Bluttests wird überprüft, ob eine Anämie vorliegt.

Bestimmte Tests können eventuell Hinweise auf Probleme wie Spina bifida (offener Rücken) geben. Es gibt folgende Verfahren:

✦ Die Nackentransparenzmessung (10.–14. Woche). Mit einer Ultraschallaufnahme wird die Flüssigkeitsmenge in der Nackengegend des Babys gemessen, um Hinweise auf ein Down-Syndrom zu erhalten.

✦ Der Doppeltest (15.–22. Woche) und der Dreifachtest (13.–23. Woche) sind Bluttests, mit denen zwei bzw. drei Hormonspiegel gemessen werden, die ein Down-Syndrom oder eine Nervenschädigung erkennen lassen. Wenn Grund zur Sorge vorliegt, können weitere Untersuchungen veranlasst werden:

✦ Beim CVS-Test (Chorionzottenbiopsie, 10.–12. Woche) wird Plazentagewebe auf Down-Syndrom, Chromosomendefekte und erbliche Veranlagungen untersucht.

✦ Bei der Amniozentese (14.–18. Woche) wird Fruchtwasser entnommen und auf Down-Syndrom, Chromosomendefekte, erbliche Veranlagungen und Nervenschädigungen untersucht.

Die beiden letzten Untersuchungen liefern zwar eindeutige Ergebnisse, bergen aber auch ein Fehlgeburtsrisiko.

Sie diese Atmung etwa fünfzehn Minuten lang bei. Legen Sie sich dabei die Hände auf den Bauch, um in Kontakt mit Ihrem Baby zu kommen. Sie können dabei ein Mantra oder ein bestimmtes Wort verwenden, das Ihre positiven Gefühle sich selbst und Ihrem Baby gegenüber zum Ausdruck bringt. Vielleicht wählen Sie ein Wort wie »Ruhe« oder »Liebe« oder das traditionelle Mantra »Om«.

Mini-Meditation gegen die Angst

Beginnen Sie mit der Mini-Meditation auf die gleiche Art wie eben beschrieben. Wenn Ihre Atmung sich beruhigt hat, nehmen Sie Ihren Bauch wahr. Schauen Sie ihn an und spüren Sie seine Wölbung. Lassen Sie Ihre Umgebung in den Hintergrund treten und spüren Sie, wie sich die Zeit verlangsamt. Lassen Sie Ihren Körper zur Ruhe kommen und entspannen Sie Ihre Schultern. Stellen Sie sich jetzt vor, wie Ihr Bauch sich anfühlen würde, wenn Sie ihn sanft streicheln würden, wenn Ihre Hand über die weiche, glatte Haut streichen würde. Dann kommen Sie sanft wieder in die Gegenwart zurück und nehmen wahr, wie ruhig Sie sich jetzt fühlen.

Das Geschlecht Ihres Kindes

Machen Sie diese Meditation,

◆ wenn Sie sich fragen, ob Sie das Geschlecht Ihres Kindes wissen möchten
◆ wenn Sie das Geschlecht schon wissen und Ihren kleinen Jungen
   oder Ihr kleines Mädchen in Dankbarkeit annehmen möchten
◆ wenn Sie das einzigartige Wesen in sich willkommen heißen möchten

Die Frage, ob sie das Geschlecht ihres Ungeborenen wissen möchten oder nicht, beschäftigt die meisten werdenden Mütter. Manche Frauen möchten es so früh wie möglich wissen, damit sie sich darauf einstellen können, andere wollen sich lieber überraschen lassen.

Einige Punkte sollten Sie berücksichtigen, bevor Sie sich dazu entschließen, sich über das Geschlecht zu informieren. Vor allem sollten Sie mit Ihrem Partner darüber sprechen, weil er es möglicherweise gar nicht wissen will. Wären Sie enttäuscht, wenn es nicht das Geschlecht wäre, auf das Sie gehofft haben? Könnte das den weiteren Verlauf Ihrer Schwangerschaft beeinflussen? Würden Sie das Ergebnis Ihrer Familie und Ihren Freunden mitteilen? Auch wenn Sie selbst neugierig darauf sind und es gern wissen möchten, wollen sich die anderen vielleicht doch lieber überraschen lassen. Glauben Sie, dass Sie die Geburt als unangenehmer erleben könnten, wenn Sie das Geschlecht schon vorher wissen und dadurch die Spannung fehlt?

Es gibt aber auch gute Gründe dafür, das Geschlecht vorher zu wissen. Sie haben Zeit, sich innerlich auf Ihre Tochter oder Ihren Sohn einzustellen, was zu einer engeren Verbindung mit Ihrem Baby führen kann. Sie können dann sagen: »Sie strampelt« oder »Er hat Schluckauf«. Sie können das Kinderzimmer entsprechend herrichten und die Farbe der Babyausstattung darauf abstimmen.

Manchmal ist es aus medizinischen Gründen wichtig, das Geschlecht des Babys zu wissen, zum Beispiel wenn ein oder beide Elternteile die Veranlagung zu einer geschlechtsspezifischen Erbkrankheit in sich tragen. Das gilt zum Beispiel für Hämophilie (Bluterkrankheit), die nur Jungen bekommen. Im Ultraschall kann man das Geschlecht des Kindes sehen, wenn das Bild klar ist, aber das klappt nicht immer. Andere Diagnoseverfahren geben zuverlässigere Auskünfte (siehe Seite 73).

Wie diese Meditation gemacht wird

Sobald Sie bequem und entspannt sitzen, werden Sie sich in beiden folgenden Meditationen Ihrer Gedanken bewusst. Versuchen Sie nicht, wie sonst die Gedanken wegzuschicken, sondern konzentrieren Sie sich auf sie, ohne sie zu bewerten. Dann lassen Sie sie wieder los. So bewirkt das Ein- und Ausströmen der Gedanken, dass Sie sich entspannen und das, was in Ihrem Unterbewusstsein abläuft, akzeptieren.

Wollen Sie das Geschlecht Ihres Babys wissen?

Atmen Sie tief und regelmäßig. Lassen Sie sich alle Gedanken über Ihr Baby klar zu Bewusstsein kommen. Konzentrieren Sie sich eine oder zwei Sekunden lang auf den jeweiligen Gedanken, um ihn dann wieder gehen zu lassen und zur Atmung zurückzukehren. Schenken Sie Ihre Aufmerksamkeit auch den eher unbehaglichen Gedanken wie zum Beispiel »Bin ich enttäuscht, wenn's ein Junge wird?«, ohne sie zu analysieren, und lassen Sie sie dann wieder gehen. Wenn Sie all diese Gedanken kommen und gehen lassen, gewinnen Sie immer tiefere Einsichten und die Entscheidung stellt sich zuletzt ganz natürlich ein.

Wenn Sie das Geschlecht Ihres Babys schon wissen

Lassen Sie Ihre Atmung tief und regelmäßig werden. Dann lassen Sie Ihren Geist umherschweifen und nehmen jeden Gedanken über Ihr Baby bewusst wahr. Wiederholen Sie die Worte, die jetzt auftauchen, zum Beispiel »Mädchen«, »Junge«, »Glück«, »Nähe« und so weiter. Dadurch gewinnen Sie inneren Frieden und viel Nähe zu Ihrem Baby.

Vertiefen Sie die Verbindung zu Ihrem Baby

Machen Sie diese Meditation,

◆ wenn Sie sich Ihrem Baby nah fühlen möchten
◆ wenn Sie sich auf die Bewegungen Ihres Babys einstimmen möchten
◆ wenn Sie möchten, dass Ihr Baby weiß, wie viel Liebe Sie ihm zu geben haben

Die Zuwendung zu Ihrem Ungeborenen ist der erste Schritt zu einer Bindung und Nähe, die ein ganzes Leben lang bestehen bleibt. Sie hilft Ihnen, sich mit dem Gedanken an die Elternschaft vertraut zu machen und Ihre Schwangerschaft zu genießen.

Ihr Baby ist kein gesichts- und gefühlloser Fötus, dessen Sinne erst nach der Geburt wach werden, wie man früher geglaubt hat. Im Gegenteil: Studien haben ergeben, dass Babys lange vor der Geburt Reize außerhalb der Gebärmutter wahrnehmen und auf sie reagieren. Seit den ersten Wochen nach der Empfängnis erkundet Ihr Baby bereits Ihre Gebärmutter und kann jetzt auf Außenreize wie das Streicheln Ihrer Hände reagieren. Ab der sechzehnten Woche sind die Ohren weit genug entwickelt, um Geräusche wie Ihren beruhigenden Herzschlag, Ihre Stimme oder Ihr Bauchgluckern wahrnehmen zu können. Ab der vierundzwanzigsten Woche kann Ihr Baby auch entferntere Geräusche wie Musik oder die Stimme Ihres Partners hören. Am Ende dieses Schwangerschaftsdrittels haben sich die Augenlider ausgebildet und Ihr Baby kann zum ersten Mal Lichtveränderungen wahrnehmen, wobei es vor zu starkem Licht zurückscheut.

Die Liebe hat nur einen Anfang, niemals ein Ende.
SANT DARSHAN SINGH

Vom zweiten Schwangerschaftsdrittel an ist Ihr Baby ganz auf Ihre eigenen Gefühle eingestimmt. Beim Erleben verschiedener Gefühle werden Chemikalien ausgeschüttet, die über Ihr Blut und die Plazenta zu Ihrem Baby gelangen. Freudige Erregung und Lachen setzen zum Beispiel Endorphine frei, die gegen Stress helfen und auch Ihrem Baby ein Wohlgefühl vermitteln. Bei Wut und Stress dagegen wird Adrenalin ausgeschüttet (siehe rechte Seite), was Ihren Körper und Ihr Baby in Anspannung versetzt.

WIE SIE MIT IHREM UNGEBORENEN KOMMUNIZIEREN KÖNNEN

Wenn Sie Ihre Aufmerksamkeit auf Ihr Baby richten, können Sie seine Vorlieben und Abneigungen erspüren. Nehmen Sie wahr, bei welcher Musik sich Ihr Baby stärker bewegt oder ob seine Aktivität zunimmt, wenn Sie sich in der Badewanne von warmem Wasser umspülen lassen.

• Berühren und streicheln Sie Ihr Baby so oft wie möglich. Die Bewegung und die Wärme Ihrer Hand wirken sehr beruhigend.

• Sprechen und singen Sie laut mit Ihrem Baby. Untersuchungen haben gezeigt, dass Babys nach der Geburt Worte und Musik wiedererkennen, die sie vorher in der Gebärmutter gehört haben.

• Versuchen Sie, bestimmte Gedanken zu

Ihrem Baby zu schicken. Denken Sie positiv, sagen Sie, was Sie fühlen, und machen Sie sich keine Sorgen, dass ein negativer Gedanke zwischendurch ihm schaden könnte.

• Ihr Baby reagiert auf Ihre Bewegungen. Sanftes Wiegen oder Spazierengehen lassen es einschlafen, Hetze und Eile regen es auf. Gehen Sie deshalb alles möglichst ruhig und gelassen an.

Wie diese Meditation gemacht wird

Bei dieser Methode wird unterschiedliche Musik eingesetzt, um zu sehen, wie Ihr Baby darauf reagiert. Manche Babys sprechen auf die eigenartigen hohen und tiefen Frequenzen der Töne von Walen und Delphinen an, andere reagieren stärker auf Gesang oder Chormusik – wahrscheinlich, weil das der mütterlichen Stimme am nächsten kommt.

Setzen oder legen Sie sich bequem hin. Lauschen Sie der Musik, konzentrieren Sie sich auf Ihre Atmung und kommen Sie körperlich und geistig zur Ruhe. Seien Sie sich bewusst, dass Ihr Baby nicht nur die Musik hört, sondern auch genau merkt, wie sich Ihre Aktivität und Anspannung langsam legt. Vielleicht mögen Sie sich vorstellen, wie Ihr Baby in der Gebärmutter sanft vom warmen Fruchtwasser gewiegt und von dem Frieden, der Sie umgibt, eingehüllt wird. Sie können auch ein Mantra singen, dessen Schwingungen in Ihrem Körper auch Ihr Baby erreichen – am besten ein Wort, das Ihr Gefühl der Nähe zu Ihrem Ungeborenen zum Ausdruck bringt.

Wie Sie Stress reduzieren

Machen Sie diese Meditation,

◆ *wenn Sie sich von den Alltagsbelastungen nicht mehr unter Druck setzen lassen möchten*
◆ *wenn Sie kürzer treten möchten, damit der Stress sich nicht auf Ihr Baby auswirkt*
◆ *wenn Sie sich Sorgen wegen eines bestimmen Aspekts Ihrer Schwangerschaft machen*

Die Schwangerschaft ist eine wunderbar aufregende Zeit, aber auch in dieser Zeit sind Sie Stress ausgesetzt. Und da Ihre Hormone und Gefühle jetzt verrückt spielen, ist es kein Wunder, dass Sie mit manchen Situationen nicht so leicht fertig werden wie sonst.

Wie auf Seite 78–79 beschrieben, werden alle Sinne Ihres Babys durch Sie stimuliert. Zwar schadet es Ihrem Baby überhaupt nichts, wenn Sie ab und zu einmal einen Wutausbruch haben oder in Stress geraten, aber es ist erwiesen, dass länger anhaltende negative Gefühle oder dauerhafter Stress ungünstige Auswirkungen haben. Sie können zu einer erschwerten Geburt, einem niedrigeren Geburtsgewicht oder zu Unruhe und Unzufriedenheit beim Kind führen. Glücklicherweise hat sich aber auch gezeigt, dass eine positive Einstellung zu Ihrem Baby selbst lang anhaltenden Stress ausgleicht – so, als ob Sie Ihr Baby in einen Kokon hüllen würden.

Es gibt viele Möglichkeiten, Stress zu reduzieren. Falls Sie sich zum Beispiel durch Ihre Arbeit sehr belastet fühlen, könnten Sie etwas kürzer treten. Wenn Sie nicht genug Schlaf bekommen, gehen Sie weniger aus. Beenden Sie einen Streit, bevor er eskaliert. Sagen Sie dabei vielleicht: »Das ist nicht gut für das Baby!« Nehmen Sie sich mehr Zeit für sich selbst, um sich zu entspannen und vielleicht einfach nur dazusitzen und an Ihr Baby zu denken.

Wie diese Meditation gemacht wird

Regelmäßiges Meditieren kann Ihnen ein Gefühl der Ruhe und des inneren Friedens vermitteln, so dass Sie sich von Dingen, die Ihnen sonst Angst machen, nicht mehr so gestresst fühlen. Beginnen Sie mit der Konzentration auf Ihre Atmung. Zählen Sie jedes Ausatmen und spüren Sie, wie Körper und Geist zur Ruhe kommen. Dann visualisieren Sie, wie Sie ganz ruhig und gelassen sind – so, wie Sie gern sein möchten.

👁 *Stellen Sie sich alle Situationen vor, die Sie für gewöhnlich unter Stress setzen. Malen Sie sich aus, wie Sie mit solch einer Situation gern umgehen würden und wie gelassen und kontrolliert Sie dabei sind. Verankern Sie dieses Bild nach dem Ende der Meditation im Bewusstsein, so dass Sie sofort darauf zurückgreifen können, wenn Sie merken, dass Sie wieder in Stress geraten.*

Mini-Meditation zum Kürzertreten

Mit dieser Übung können Sie Stress sehr gut regulieren, wenn Sie sich einmal besonders angespannt fühlen, aber keine Zeit haben, sich zurückzuziehen und zu meditieren. Beginnen Sie damit, dass Sie sich jede einzelne Bewegung bewusst machen. Nehmen Sie wahr, wie sich Ihr Körper anfühlt, wie schnell und hektisch Sie sich bewegen, wie Sie sich abhetzen, um Ihren ohnehin schon stressigen Tag mit noch mehr Aktivitäten voll zu packen.

Machen Sie dann mit Ihrer Arbeit weiter, jetzt aber mit dem konzentrierten Bemühen um mehr Langsamkeit. Nehmen Sie sich Zeit, um sich jede Bewegung bewusst zu machen. Schauen Sie zu, wie Ihre Hände tippen, schreiben oder die Hausarbeit erledigen. Sprechen Sie mit gelassener Stimme, egal, wie eilig Sie es haben. Denken Sie daran: Die Sekunden, die Sie einsparen, werden sich nur zu noch mehr Stress in Ihrem Leben summieren. Sobald Ihre Bewegungen gelöster werden, lassen Sie auch die Gedanken, die Ihnen durch den Kopf rasen, zur Ruhe kommen. Machen Sie diese Übung jedes Mal, wenn Sie wieder in Anspannung geraten.

DIE VORTEILE EINES GEBURTSVORBEREITUNGSKURSES

Falls Sie es noch nicht getan haben, melden Sie sich jetzt zum Geburtsvorbereitungskurs an. So ein Kurs bietet Ihnen weitaus mehr als ein »Damenkränzchen«. Er umfasst alle Aspekte der Schwangerschaft, von wehenerleichternden Methoden über das Stillen bis hin zur Pflege des Neugeborenen. Dort haben Sie auch Gelegenheit, so viel Sie wollen über Ihre Schwangerschaft und Ihr Baby zu sprechen, ohne andere Leute zu langweilen. Nehmen Sie ruhig auch Ihren Partner in den Kurs mit. Er wird dann besser verstehen, was auf Sie zukommt, kann Sie bei Ihren Übungen zu Hause unterstützen und weiß auch schon, was er bei der Geburt für Sie tun kann.

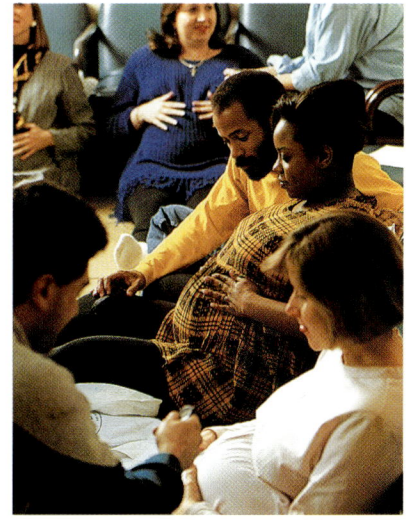

Entwickeln Sie ein positives Körpergefühl

Machen Sie diese Meditation,

◆ *wenn Sie das Gefühl haben, dass Ihr Körper nicht mehr Ihnen allein gehört*

◆ *wenn Sie Angst haben, dass Sie zu stark zunehmen oder die Pfunde nach der Geburt nicht mehr loswerden*

◆ *wenn Sie wieder mehr Selbstvertrauen in Bezug auf Ihre Attraktivität und Sexualität entwickeln möchten*

Die schwangerschaftsbedingten Veränderungen Ihrer Figur sind ein wunderbarer Beweis dafür, dass neues Leben in Ihnem Körper heranwächst. Veränderungen, die zu Beginn der Schwangerschaft noch kaum wahrnehmbar waren, legen jetzt ganz offensichtlich Zeugnis für Ihr ungeborenes Kind ab: die umfangreiche Taille, der vorgewölbte Bauch und die schweren, zum Stillen bereiten Brüste. Manchmal kann es aber auch ziemlich schwierig sein, mit den so deutlich sichtbaren Anzeichen bevorstehender Mutterschaft zurechtzukommen und all diese körperlichen Veränderungen zu akzeptieren.

Verzweifeln Sie nicht, wenn Sie zwar Freude am Wachstum Ihres Babys haben, sich mit Ihrer ungewohnten Figur aber doch nicht so richtig wohl fühlen. Diese Gefühle sind vollkommen in Ordnung, fast jeder werdenden Mutter machen sie manchmal zu schaffen. In Wirklichkeit sind die meisten dieser negativen Gedanken jedoch gesellschaftlich bedingt: Schwanger sein wird oft gleichgesetzt mit fett und hässlich sein. In vielen anderen Kulturen werden Schwangere jedoch sehr verehrt und ihr Körper als wunderschön angesehen. Akzeptieren Sie, dass negative Gedanken auftauchen können, aber machen Sie sich klar, dass Sie sie jederzeit wegschicken und bei Ihrer positiven Einstellung zu Ihrer veränderten Figur bleiben können. Affirmationen und Visualisierungen können Sie wirkungsvoll dabei unterstützen, negative Sichtweisen in positive zu verwandeln.

Verwöhnen Sie sich selbst
Geben Sie 6–12 Tropfen eines ätherischen Öls ins Badewasser oder in ein Duftlämpchen. Weihrauch zum Beispiel ist für seine meditativen Kräfte bekannt. In den ersten drei Schwangerschaftsmonaten dürfen Sie Weihrauch allerdings nicht verwenden. Nehmen Sie stattdessen Lavendelöl.

Wie diese Meditation gemacht wird

In diesem Stadium Ihrer Schwangerschaft finden Sie es vielleicht leichter, im Liegen zu meditieren. Legen Sie sich bequem hin und falls Sie gern auf der Seite liegen, stopfen Sie sich zur besseren Unterstützung ein Kissen zwischen die Beine. An schönen Tagen öffnen Sie das Fenster, damit Sie das Vogelgezwitscher in Ihre Visualisierung einbeziehen können. Sie können sich aber auch bei Kerzenschein gemütlich in ein warmes Bad legen, ein zusammengerolltes Handtuch unter dem Kopf.

Wenn Sie die folgenden Affirmationen oft wiederholen, werden Sie die Veränderungen Ihres Körpers in einem sehr positiven Licht sehen. Wandeln Sie sie einfach nach Ihren ganz persönlichen Bedürfnissen ab.

✶ Mein Körper ist schön. Er trägt neues Leben in sich
und wird es zur Welt bringen.
✶ Ich bin stolz auf meinen Körper. Er ist schön anzuschauen
und fühlt sich gut an.
✶ Ich akzeptiere meine Gedanken und Gefühle und lerne,
mich selbst zu lieben für alles, was ich bin.

Ihr Körper in seiner Veränderung strahlt ein ganz bestimmtes Bild aus. Wenn Sie sich selbst schön finden und stolz auf Ihren Körper sind, werden andere Sie genauso positiv sehen. Wenn Sie sich dagegen selbst unattraktiv und unsympathisch finden, dann werden Sie auch genauso wahrgenommen. Lassen Sie aus den folgenden Sätzen ein Bild nach Ihren eigenen Bedürfnissen entstehen. Je klarer das Bild, umso größer die Wirkung. Rufen Sie es so oft wie möglich hervor, damit es zu einem Teil Ihrer selbst wird.

◆ *Stellen Sie sich vor, dass Sie frei und unbeschwert einen schönen Strand entlanglaufen. Sie sind hell gekleidet und bewegen sich anmutig. Sie spüren den Wind im Haar und den Sand unter Ihren Füßen. Sie fühlen sich so leicht wie eine Feder und können sich ganz nach Belieben drehen und wenden.*
◆ *Stellen Sie sich vor, dass Sie ganz mit sich selbst im Reinen sind. Es ist ein wunderbarer Tag. Sie gehen voller Zuversicht eine Straße entlang und sind stolz auf Ihre Figur, die Ihre Fruchtbarkeit und Weiblichkeit zum Ausdruck bringt. Sie sind sich der bewundernden und anerkennenden Blicke auf Ihren Körper bewusst, haben aber gar kein Bedürfnis nach Bestätigung.*

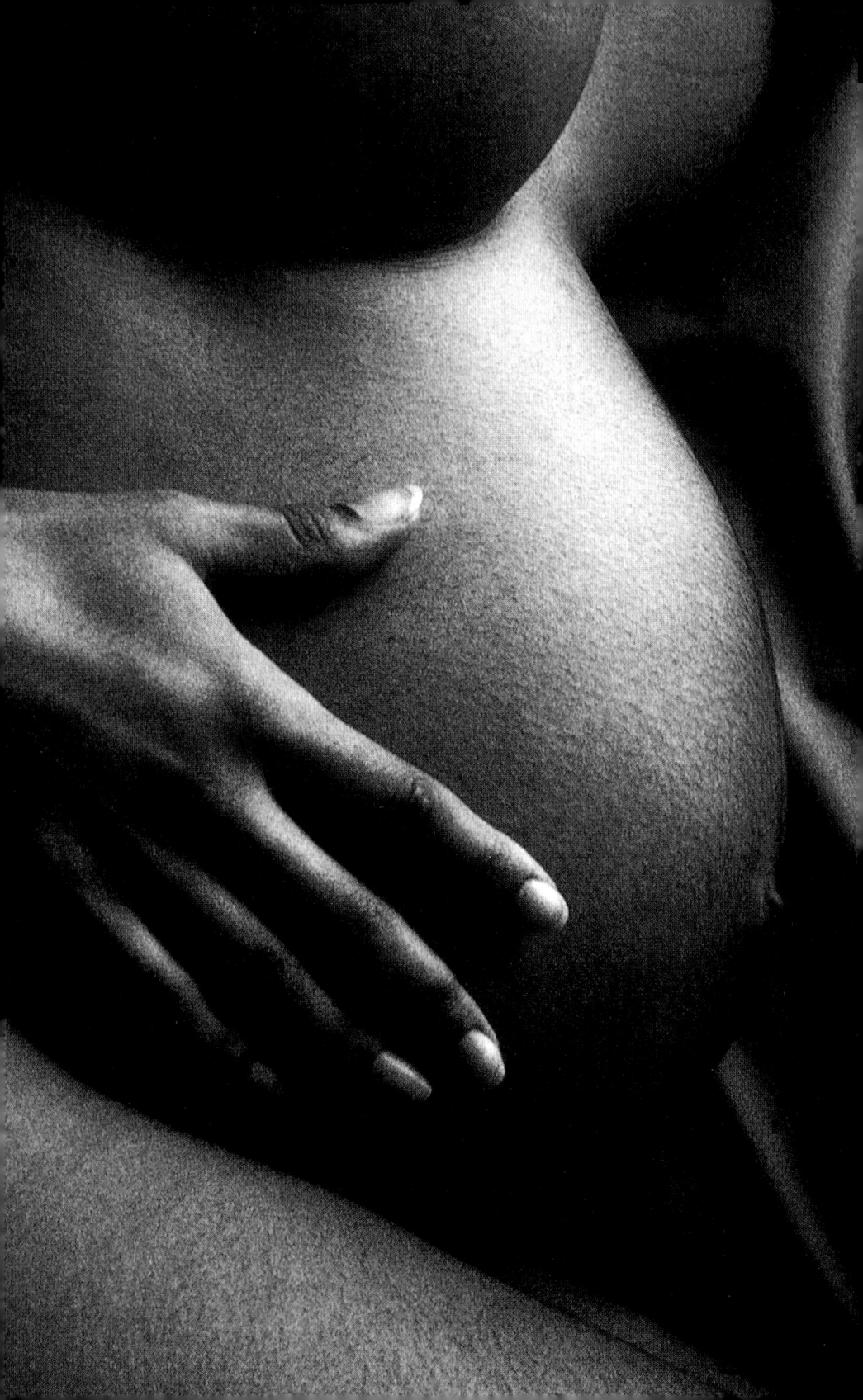

Das letzte Drittel der Schwangerschaft

Vielleicht kommt es Ihnen so vor, als ob Ihre Schwangerschaft nun schon ewig dauert, aber das Ende ist jetzt ja in Sicht. Schon bald werden Sie Ihr Baby im Arm halten können. Je dicker Sie nun werden, umso schwerer werden Ihnen bestimmte Tätigkeiten fallen, wie etwa einkaufen, saubermachen oder auch nur wieder aus der Badewanne herauskommen! Sie werden jetzt auch ein bisschen schneller müde, deshalb sollten Sie alles leichter nehmen und jede Gelegenheit zu einem Nickerchen nutzen. Die Meditationen in diesem Abschnitt sollen Ihnen dabei helfen, sich zu entspannen und mit den Ängsten und Problemen, die das Näherrücken des Geburtstermins mit sich bringt, fertig zu werden. So sind Sie bestens auf das große Ereignis der Geburt Ihres Kindes vorbereitet.

Wie Sie nachts gut schlafen

Machen Sie diese Meditation,

◆ *wenn Sie sich nach einem anstrengendem Tag entspannen möchten*
◆ *wenn Sie trotz körperlicher Beschwerden Schlaf finden möchten*
◆ *wenn Sie dem Wachliegen und Grübeln ein Ende setzen möchten*

Jetzt, im letzten Drittel
Ihrer Schwangerschaft, wird es vielleicht schwierig durchzuschlafen. Je dicker Ihr Bauch wird, umso schwieriger ist es, eine bequeme Lage zu finden. Die Rückenlage kann unangenehm sein, weil das Baby auf die Wirbelsäule drückt, was zu Kribbeln, Schwindelgefühlen und Atemnot führen kann, und wenn Sie auf der Seite liegen, benutzt Ihr Baby Sie womöglich als »Trampolin« und strampelt entsprechend heftig. Auch nächtliche Schweißausbrüche und ständige Wanderungen zur Toilette stören den Schlaf. Und selbst wenn *Sie* in der Nacht gern schlafen möchten, hat Ihr *Baby* vielleicht einen ganz anderen Zeitplan und strampelt vergnügt vor sich hin. Womöglich bekommen Sie mit dem Näherrücken des errechneten Termins nachts auch mehr und mehr Angst vor den Wehen und können kaum noch einschlafen. Der nächtliche Tiefschlaf ist in den letzten drei Schwangerschaftsmonaten aber besonders wichtig, um Kraft zu schöpfen.

Sanft durch Schlaf und Dunkelheit gelangt, bin ich dem Leben, der Kraft und dem Bewusstsein wiedergegeben.
JOHN KEBLE

Wie diese Meditation gemacht wird

Eine der besten Einschlafhilfen ist die Konzentration auf die Atmung. Die tiefe Entspannung, die diese Art der Meditation auslöst, kann Ihnen dabei helfen, abzuschalten und zur Ruhe zu kommen. Sie macht es Ihnen auch leichter, wieder einzuschlafen, wenn Sie zwischendurch aufwachen. Bevor Sie anfangen, schieben Sie sich ein Polster oder ein Kissen unter den

WEGE ZU EINEM BESSEREN SCHLAF

Tipps für eine friedliche Nachtruhe:

- Trinken Sie spät abends nur noch wenig. Trinken Sie nur koffeinfreien Kaffee oder Tee und nehmen Sie nur leichte Mahlzeiten zu sich, um Magenverstimmungen und Sodbrennen vorzubeugen.
- Nehmen Sie vor dem Zubettgehen ein Entspannungsbad und geben Sie ein paar Tropfen ätherisches Öl ins Wasser. Kamille zum Beispiel mildert Stress und Anspannung.
- Sorgen Sie dafür, dass Ihr Schlafzimmer dunkel und nicht zu warm ist, dass das Telefon ausgeschaltet ist und dass Sie möglichst bequem liegen.
- Entlasten Sie den Rücken oder die Beine mit einem Polster oder Kissen.

- Lesen Sie vor dem Einschlafen nichts über das Thema Geburt, sondern lieber ein Buch, das Sie nicht so aufwühlt!
- Machen Sie ab dem frühen Nachmittag kein Nickerchen mehr, damit Ihr natürlicher Schlafrhythmus nicht durcheinander gerät.

Rücken oder in Seitenlage zwischen die Beine, damit Sie es bequem haben. Schließen Sie jetzt die Augen und stellen Sie sich vor, dass vom Scheitel abwärts alle Anspannung aus Ihrem Körper weicht. Konzentrieren Sie sich auf Ihre Atmung und zählen Sie die Ausatmungen bis zehn und dann wieder von vorn. Sie können auch bei jedem Ausatmen leise »schlafen« sagen. Machen Sie sich keine Gedanken darüber, wie schnell oder wie langsam Sie atmen.

Falls Sie abschweifen, nehmen Sie die Gedanken wahr, die kommen, lassen sie dann aber wieder gehen und richten Ihre Aufmerksamkeit erneut auf die Atmung. Sie können sich zwar besser konzentrieren, wenn Sie sich nicht viel bewegen, aber verändern Sie bei Bedarf ruhig Ihre Körperhaltung, damit Sie nicht durch eine unbequeme Lage abgelenkt werden. Bewegen Sie sich dabei langsam, ohne das Atemzählen zu unterbrechen. Mit fortschreitender Entspannung stellen Sie das Zählen dann ein und konzentrieren sich nur noch auf Ihre Atmung.

Freuen Sie sich aufs Muttersein

Machen Sie diese Meditation,

◆ wenn Sie sich auf die Mutterschaft insgesamt vorbereiten möchten,
nicht nur auf die Geburt

◆ wenn Sie Ihre Erwartungen in Bezug auf das, was vor Ihnen liegt,
überprüfen möchten

◆ wenn Sie sichergehen möchten, dass Sie sich selbst treu
bleiben werden

Die letzten Wochen Ihrer Schwangerschaft gehören zu den spannendsten und vielleicht kommen Ihnen die Tage beim ungeduldigen Warten auf die Geburt nun lang vor. Auch Angst vor den Wehen und vor der Zeit nach der Geburt kann jetzt aufkommen, in der Sie alle Hände voll zu tun haben werden, um Ihr Baby zu versorgen. Es ist ganz natürlich, dass Sie sich Sorgen über diese Veränderungen machen, aber allein das Bewusstsein dafür, *dass* Ihr Leben sich verändern *wird*, ist schon der erste Schritt in dieses aufregende neue Leben.

Niemand kann Ihnen garantieren, dass alles gut geht. Aber die Tatsache, dass die meisten Frauen mehr als ein Kind haben, ist ein deutlicher Hinweis darauf, dass sich Geburt und Mutterschaft ganz offensichtlich lohnen! Mütter, Hebammen und Ärztinnen sind sich darin einig, dass Sie umso besser mit allem zurechtkommen werden, je besser Sie sich vorbereiten. Es ist wichtig, dass Sie in den letzten Wochen ganz entspannt und ausgeglichen bleiben. Jetzt müssen Sie sich auf sich selbst und Ihre eigenen Bedürfnisse konzentrieren. Falls Sie noch arbeiten, werden Sie jetzt bald in Mutterschutz gehen und mehr Zeit für sich selbst haben. Meditation hilft Ihnen dabei, sich zu entspannen, sich auf Ihre eigenen Bedürfnisse zu konzentrieren und sich von Ihren Sorgen nicht überwältigen zu lassen. Wenn Sie mit sich selbst im Reinen sind, profitiert auch Ihr Baby von Ihrer Gelassenheit, Ihrer Ruhe und Ihrem Wohlbefinden.

ALTERNATIVE WEGE ZUR ENTSPANNUNG

Falls Sie zu Ängstlichkeit neigen, können Sie auch noch andere Hilfen gegen Stress ausprobieren. Die meisten Naturheilmethoden sind ganzheitlich ausgerichtet und nicht nur auf spezielle Symptome bezogen. Probieren Sie es ruhig einmal aus, aber holen Sie zuvor den Rat einer qualifizierten Fachkraft ein.

✦ Die Homöopathie behandelt den ganzen Menschen in geistiger, körperlicher und seelischer Hinsicht und nicht nur seine Symptome. Der Körper hilft sich dabei selbst nach dem Grundsatz, dass Ähnliches mit Ähnlichem geheilt wird. Eine winzige Menge des Wirkstoffs, der in höherer Dosierung die Beschwerden verursachen würde, bringt sie nun zum Verschwinden. Die Heilmittel werden normalerweise in Form von Kügelchen in verschiedenen Potenzen verabreicht.

✦ Kräuterpräparate nutzen die Heilwirkung von Pflanzen, Bäumen, Blumen und Kräutern. Es gibt sie als Tees, Aufgüsse, Abseihungen oder Badezusätze.

✦ Blütenessenzen sollen den »energetischen Abdruck« einer Pflanze enthalten und so unsere eigenen Energiemuster positiv beeinflussen können, wodurch blockierte Energieströme wieder in Fluss kommen. Die Essenzen werden auf die Zunge gegeben oder mit Wasser eingenommen.

✦ Die Aromatherapie heilt auf körperlichem und seelischem Wege durch die Verwendung von Essenzen von Pflanzen und Blumen, die in einem Trägeröl aufgelöst sind. Man atmet sie ein, indem man sie ins Badewasser oder in ein Duftlämpchen gibt, oder lässt sie bei der Massage durch die Haut einwirken. Vergewissern Sie sich aber immer, dass Ihr Aromaöl auch für Schwangere geeignet ist.

✦ Die Fußreflexzonenmassage basiert auf dem Prinzip, dass jeder Teil des Fußes mit einer bestimmten Körperregion in Beziehung steht und man daher durch die Massage bestimmter Fußpunkte positiv auf körperliche Probleme einwirken kann.

Wie diese Meditation gemacht wird

Diese Technik hilft Ihnen dabei, sich so auf die Zukunft zu konzentrieren, dass Sie jeder Situation positiv und gelassen begegnen. Suchen Sie sich einen schönen Gegenstand aus – eine Vase mit Blumen, eine brennende Kerze, einen Baum im Garten – und setzen oder stellen Sie sich daneben. Während Sie sich auf jedes Ausatmen konzentrieren, werden Sie sich der Geräusche um sich herum bewusst: Nachbarn unterhalten sich, ein Auto startet, irgendwo läuft ein Radio. Vernehmen Sie diese Geräusche, aber lassen Sie sich nicht von ihnen ablenken.

Nehmen Sie nun jede Einzelheit genau wahr: die Beschaffenheit jeder Blüte, das Tanzen der Flamme, das Rascheln der Blätter im Wind. Sprechen Sie bei jedem Ausatmen leise aus, was Sie sehen (zum Beispiel »Blüte«). Wiederholen Sie das einige Male und gehen Sie dann zum nächsten Aspekt über (etwa »blau«) und danach zum übernächsten (zum Beispiel »Bewegung«) – so lange, bis Sie das Gefühl haben, ein Teil dessen zu werden, was Sie anschauen, sich mit seiner Schönheit zu verbinden. Dann lösen Sie sich wieder aus der Meditation und spüren, wie zentriert Ihr Geist jetzt ist und wie entspannt sich Ihr Körper anfühlt.

Sich auf die Wehen einstellen

Machen Sie diese Meditation,

◆ wenn Sie Mut für die bevorstehende Geburt brauchen
◆ wenn Sie gelassen in die Wehen gehen möchten
◆ wenn Sie sich dafür öffnen möchten, dass es jede Mühe und alles Warten wert ist, so ein wunderschönes Baby zu bekommen

Schwangerschaft und Geburt stellen eine ganz besondere Phase im Leben einer Frau dar. Allerdings kann es bei vielen Frauen auch Ängste auslösen, dass sie keine Kontrolle mehr über das Geschehen haben. So kann die Angst vor starken Schmerzen, vor einer Epiduralanästhesie oder vor eingeschränkten Bewegungsmöglichkeiten bei der Geburt übergroß werden. Dabei können Sie innerhalb bestimmter Grenzen während der Wehen eigentlich tun und lassen, was Sie möchten. Helfen Sie sich selbst, indem Sie sich gut vorbereiten. Informieren Sie sich gemeinsam mit Ihrem Partner über alle Möglichkeiten, die Ihnen zur Verfügung stehen, und wählen Sie die aus, die Sie am meisten anspricht. Treffen Sie keine vorschnellen Entscheidungen, wenn Sie sich nicht ganz sicher sind, sondern stehen Sie zu dem, was Sie wirklich wollen. Besprechen Sie all Ihre Wünsche ausführlich mit Ihrer Hebamme oder Ärztin. Wenn Sie Ihr Baby im Krankenhaus bekommen, schauen Sie sich den Kreißsaal an und erkundigen Sie sich, wie oft in dieser Klinik Epiduralanästhesien und Kaiserschnitte durchgeführt werden. Denken Sie daran, dass das Krankenhausteam dafür da ist, Ihnen und Ihrem Baby bei der Geburt so viel Sicherheit und Unterstützung wie möglich zu geben.

Was mir geholfen hat
Je näher der Termin heranrückte, umso mehr Angst hatte ich vor den Wehen. Ich setzte mich jeden Tag ein paar Minuten hin und dachte darüber nach, wovor ich am meisten Angst hatte und was mir wohl helfen würde, wenn es tatsächlich dazu käme. Allein schon durch diese Klärung meiner Gefühle fühlte ich mich schon viel sicherer.

Die Sache selbst in die Hand zu nehmen heißt aber nicht nur zu wissen, was Sie wollen, sondern auch flexibel zu bleiben für den Fall, dass nicht alles nach Plan laufen sollte. Keine Geburt ist perfekt. Je offener Sie und Ihr Partner sind, umso besser werden Sie damit zurechtkommen, wenn die Geburt anders als gewünscht verläuft.

Wie diese Meditation gemacht wird

Suchen Sie sich die Affirmation aus, die Ihrem Gefühl am ehesten entspricht:

✴ *Ich habe alles im Griff.*
✴ *Ich will das, was für mein Baby am besten ist.*
✴ *Was für mein Baby gut ist, ist auch für mich gut.*
✴ *Ich bin körperlich und seelisch ganz ruhig.*

Dann setzen oder legen Sie sich so bequem wie möglich hin. Konzentrieren Sie sich auf Ihre Atmung, spüren Sie, wie sie langsamer und regelmäßiger wird und wiederholen Sie leise Ihre Affirmation. Wenn Sie das jeden Tag machen, geht die Affirmation in Ihr Unterbewusstsein über und ist immer abrufbar, wenn Sie sie brauchen.

Mini-Meditation zur Sinneswahrnehmung

Falls die Angst Sie einmal zu überwältigen droht, machen Sie diese Meditation eine oder zwei Minuten lang – sei es an der Spüle, im Auto oder in der Badewanne. Konzentrieren Sie sich darauf, was um Sie herum passiert. Wenn Sie zum Beispiel in der Wanne liegen, nehmen Sie die Bewegung des Wassers um Ihren Körper herum wahr, die Wärme, den Druck Ihrer Zehen gegen die Wannenwand. Bleiben Sie bei dem, was Sie gerade tun, aber spüren Sie genau hin. Vielleicht konzentrieren Sie sich auch auf einen einzelnen Aspekt und sagen leise das Wort »Spüren« oder »Klang« vor sich hin. Das wird Sie beruhigen und von Ihren Sorgen ablenken.

KLEINE HILFEN FÜRS KRANKENHAUS

Etwa drei Wochen vor dem Termin sollten Sie eine Tasche mit allem packen, was Sie und Ihr Baby im Krankenhaus brauchen. Vielleicht nehmen Sie auch ein paar Dinge mit, die Ihnen im Kreißsaal helfen können, zum Beispiel:

• ein kleines Schmuckstück als Konzentrationshilfe
• vertraute, beruhigende Musik
• bequeme Kissen
• ein paar Tropfen Aromaöl auf einem Taschentuch
• einen Wasserzerstäuber zur Erfrischung
• einen Waschlappen oder Schwamm zur Abkühlung
• ein Buch oder eine Zeitschrift zur Ablenkung
• ein paar Kekse als kleine Energiespritze

Wie Sie Ihr Baby auf die Geburt vorbereiten

Machen Sie diese Meditation,

◆ *wenn Sie mit Ihrem Baby in Verbindung treten möchten*
◆ *wenn Sie Ihr Kind zu der Reise, die vor ihm liegt, ermuntern möchten*
◆ *wenn Sie Ihr Baby auf das Leben außerhalb der Gebärmutter vorbereiten möchten*

Nun, da Ihr Bauch immer größer wird und der heiß ersehnte Tag der Geburt näher rückt, wird die Bindung zwischen Ihnen und Ihrem Baby immer stärker. Genau wie Sie bereitet sich Ihr Kind körperlich und seelisch auf die Geburt vor. Etwa in der sechsunddreißigsten Woche (oder etwas später) senkt sich der Kopf des Babys ins Becken hinunter – es geht sozusagen in Geburtsposition. Sein gesamter Sinnesapparat ist jetzt vollständig entwickelt und auf das Leben in der Außenwelt vorbereitet.

Babys schreien, wenn sie sich nicht wohl fühlen oder etwas wollen. Deshalb ist es nicht weiter überraschend, dass die meisten Babys bei der Geburt schreien. Manche Frauen berichten aber auch, dass die Bindung schon so stark war, dass ihr Baby keinen Mucks von sich gab und nur eindringlich zu ihnen aufschaute.

Selbst wenn die Geburt ganz normal verläuft, ist es ein Schock für Ihr Baby, wenn es die warme, dunkle Umgebung der Gebärmutter verlassen muss und in ein helles Krankenhauszimmer voller fremder Leute kommt. Noch traumatischer ist es, wenn bei der Geburt Saugglocke, Zange oder Skalpell zum Einsatz kommen. Obwohl es wenig gibt, womit Sie Ihr Baby auf die mühsame Reise durch den Geburtskanal vorbereiten können, hilft es ihm doch – genau wie Ihnen selbst – wenn Sie während der Geburt ruhig und gelassen bleiben. Machen Sie die folgende Übung, um während des »Endspurts« mit Ihrem Baby in Kontakt zu treten. Hüllen Sie Ihr Kind in positive und liebevolle Gedanken.

Wie diese Meditation gemacht wird

Sie können diese Meditation täglich zu Ihrer normalen Zeit im Sitzen oder Liegen, aber auch als Mini-Meditation zwischendurch machen. Beginnen Sie mit der Konzentration auf Ihre Atmung. Sobald Ihre Atmung tiefer wird, stellen Sie sich vor, wie mit jedem Einatmen durch die Nase Sauerstoff zu Ihrem Kind fließt und ihm Kraft für die bevorstehende Reise gibt. Spüren Sie, wie Ihr Geist mit jedem Ausatmen mehr zur Ruhe kommt, wie sich Ihr Körper entspannt, wie alle Anspannung aus Ihren Gelenken und Muskeln weicht und Ihre Gliedmaßen immer lockerer werden. Nun wiederholen Sie eine der folgenden Affirmationen:

★ Mami liebt dich.
★ Alles ist gut.
★ Wir zwei sind eins.

Als Alternative können Sie auch ein Mantra verwenden. Wählen Sie einen Klang, der all Ihre guten Wünsche für Sie und Ihr Baby zum Ausdruck bringt. Wenn Sie diese Meditation im letzten Schwangerschaftsdrittel oft genug machen, wird Ihr Ungeborenes diese Worte wiedererkennen. Wenn Sie diese Affirmation oder dieses Mantra dann aussprechen, wenn Sie Ihr Baby das erste Mal im Arm halten, wird es sich gleich geborgen fühlen.

DIE BESTE UMGEBUNG FÜR DIE GEBURT

Sie können den Übergang Ihres Babys in die Außenwelt dadurch erleichtern, dass Sie das Umfeld so anheimelnd wie möglich gestalten.
✦ Bitten Sie darum, dass das Licht in der letzten Phase der Geburt gedämpft wird.
✦ Versuchen Sie, sich während der Wehen aufzusetzen, hinzuhocken oder bei Ihrem Partner anzulehnen, damit die Schwerkraft Ihrem Baby helfen kann, auf natürliche Weise zur Welt zu kommen.

✦ Lassen Sie während der Wehen Musik laufen, die Sie schon während der Schwangerschaft gehört haben und die Ihrem Baby vertraut ist.
✦ Sprechen Sie mit Ihrer Hebamme darüber, ob für Sie eine Unterwassergeburt in Frage kommt.
✦ Bitten Sie darum, dass Ihnen das Baby sofort an die Brust gelegt wird, damit es Ihre Wärme spüren und gleich saugen kann.

Was die Schmerzen lindert

Machen Sie diese Meditation,

◆ wenn Sie sich durch gezielte Atemtechnik auf die Wehen
vorbereiten möchten
◆ wenn Sie dem Geburtsschmerz so effektiv wie möglich
begegnen möchten

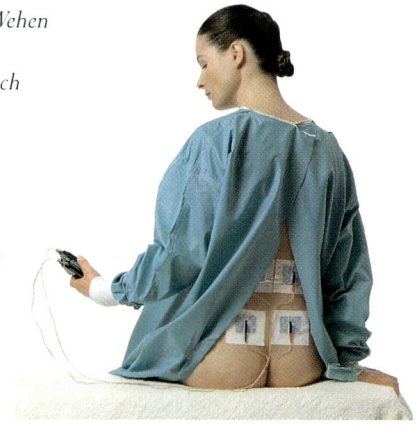

Seien Sie unbesorgt, wenn Sie Angst haben, dass Sie die Wehen nicht ertragen könnten: Sie sind damit nicht allein. Jede Schwangere hat diese Angst und doch kommen wir alle irgendwie damit klar und sind sogar bereit, es nochmals durchzustehen! Zwar ist Schmerz niemals angenehm, aber die Wehen können doch als eine Art »positiver Schmerz« betrachtet werden. Sie haben einen Anfang und ein Ende und am Schluss haben Sie endlich Ihr wunderschönes, lang ersehntes Baby im Arm.

Niemand kann vorhersagen, wie intensiv Ihre Wehen sein und wie Sie mit den Schmerzen zurechtkommen werden, aber eine positive innere Einstellung kann Ihnen auf jeden Fall enorm helfen. Ängste und Befürchtungen führen nur zur Verkrampfung. Das Gefühl der Ruhe und Selbstkontrolle hingegen gibt Ihnen die Möglichkeit, gewissermaßen mit den Wehen »mitzugehen«. Erkundigen Sie sich nach verschiedenen Möglichkeiten der Schmerzlinderung wie TENS-Geräten, Lachgas, Morphinpräparaten oder Epiduralanästhesie (siehe rechts). Bleiben Sie offen für das, was Sie brauchen, und quälen Sie sich nicht unnötig mit Schmerzen herum. Das kostet bloß Kraft – und das gerade dann, wenn Sie Ihre Energie am nötigsten brauchen, um sich um Ihr Neugeborenes zu kümmern.

Wie diese Meditation gemacht wird

Sie werden merken, dass die Atem- und Konzentrationstechniken der Meditation Ihnen auch bei der Geburt helfen. Wenn die Wehen stärker werden und sich wie ein straffes Band um den Bauch herum anfühlen, konzentrieren Sie sich darauf, so tief, so langsam und so kontrolliert wie möglich zu atmen. Es hilft, wenn Sie sich auf einen bestimmten Gegenstand im Raum konzentrieren – entweder auf etwas, das Sie selbst mitgebracht und schon als Visualisierungshilfe verwendet haben, oder ganz einfach auf das Fußende des Bettes. Wenn eine Wehe nachlässt, entspannen Sie bewusst Ihre Schultern und den ganzen Körper, um sich auf die nächste Wehe vorzubereiten. Wiederholen Sie im Stillen ein Mantra oder eine Affirmation, um sich bei der Stange zu halten, zum Beispiel:

> ✴ *Eine Wehe mehr ist eine Wehe weniger.*
> ✴ *Ich schaffe es.*
> ✴ *Es kommt, es geht.*
> ✴ *Es geht vorüber.*

Denken Sie daran, dass die erste Phase der Geburt viele Stunden dauern kann und dass Sie Ihre Kräfte einteilen müssen. Nehmen Sie die Dinge leicht, solange Sie noch zu Hause sind. Machen Sie diese Meditation, bevor Sie ins Krankenhaus gehen oder wenn Sie bei einer Hausgeburt auf die Hebamme warten.

Wenn die Geburt fortschreitet, machen Sie sich bewusst, was Sie zur Vorbereitung auf dieses wunderbare Ereignis gelernt haben. Bleiben Sie konzentriert, lassen Sie sich körperlich und seelisch von Ihrem Partner unterstützen und finden Sie die bequemste Körperhaltung heraus.

ALTERNATIVE METHODEN ZUR SCHMERZLINDERUNG

Wenn Sie sich eine natürliche Geburt wünschen, aber Angst vor dem Wehenschmerz haben, können Sie eine der folgenden Schmerztechniken ausprobieren oder die Atemtechnik der Hauptmeditation dieses Buches anwenden. Nichts davon hat irgendwelche Nebenwirkungen auf Ihr Baby.

✦ Wasserbecken: Auch wenn Sie Ihr Kind nicht im Wasserbecken bekommen möchten, kann doch der Aufenthalt im warmen Wasser unter den Wehen große Erleichterung bringen. Fragen Sie im Krankenhaus nach, ob es ein Wasserbecken gibt. Wenn nicht, kann man eins ausleihen.

✦ Hypnose: Durch Hypnosesitzungen im letzten Schwangerschaftsstadium kann man positive unterstützende Bilder im Unterbewusstsein verankern, die sich dann während der Wehen wieder abrufen lassen.

✦ TENS-Geräte: Diese Geräte blockieren die Schmerzleitung zum Gehirn durch schwache elektrische Impulse und regen zugleich die Endorphinausschüttung, die natürliche Schmerzregulation des Körpers, an. In vielen Krankenhäusern sind TENS-Geräte vorhanden oder können entliehen werden.

✦ Akupunktur: Akupunktur kann während des ganzen Geburtsverlaufs eingesetzt werden. Dabei werden feine Nadeln an bestimmten Punkten der Energiebahnen des Körpers, der Meridiane, in die Haut gesteckt. Die Chinesen glauben, dass unsere Gesundheit vom gleichmäßigen Fluss des »Chi« bzw. der Energie in den Meridianen abhängt. So kann eine Energieblockade zum Beispiel zu Rückenschmerzen während der Geburt führen. Mit Hilfe der Akupunktur werden solche Blockaden aufgelöst, so dass das Chi wieder frei fließen kann.

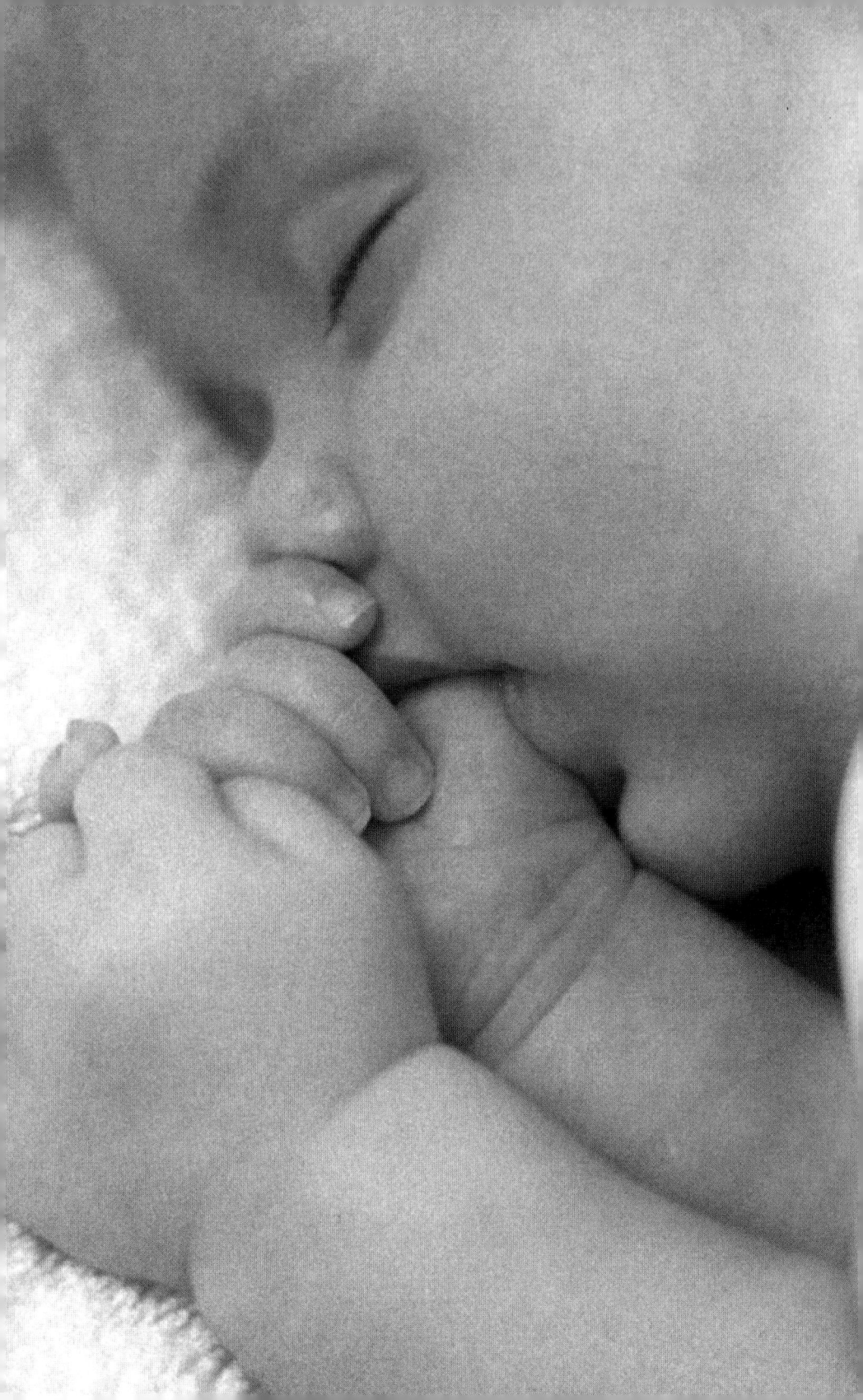

Wenn das Baby da ist

Herzlichen Glückwunsch — endlich ist Ihr lang ersehntes Baby da! Das neunmonatige Warten ist vorbei, die Wehen sind Vergangenheit. Jetzt können Sie alle Energie auf Ihren kleinen Liebling konzentrieren. Zwar fühlen Sie sich jetzt wahrscheinlich ziemlich erschöpft, aber die Freude über den Familienzuwachs und die Sorge für dieses kleine, verletzliche Wesen werden Ihnen über die Müdigkeit der ersten Wochen hinweghelfen. Ruhen Sie sich so oft wie möglich aus und nehmen Sie jede Hilfe an, die Ihnen angeboten wird. Meditieren Sie, wann immer Sie können, auch wenn es nur für ein paar Minuten am Tag ist. Nutzen Sie diese Zeit, um sich zu entspannen und körperlich wieder ganz fit zu werden.

Die Feier der Geburt

Machen Sie diese Meditation,

✦ *wenn Sie das jüngste Mitglied Ihrer Familie willkommen heißen möchten*
✦ *wenn Sie Ihre Dankbarkeit für den guten Verlauf der Geburt
    ausdrücken möchten*
✦ *wenn die Gefühle für Ihr Neugeborenes Sie überwältigen*

Ihr Neugeborenes im Arm zu halten ist ein ganz besonderes Gefühl. Die Liebe einer Mutter zu ihrem Kind ist etwas Einzigartiges und ungemein Wertvolles. Manche Frauen brauchen etwas länger als andere, um eine Bindung zu ihrem Kind aufzubauen, aber alle Mütter sind tief berührt von der ungeheuren Verantwortung, für ein so hilfloses und verletzliches kleines Wesen zu sorgen.

Jetzt – nach den körperlichen Strapazen der Geburt und der Erschöpfung durch schlaflose Nächte – können Ihre Gefühle leicht außer Rand und Band geraten. Meditation kann Ihnen in diesen ersten Wochen nicht nur helfen, seelisch wieder ins Gleichgewicht zu kommen, sondern verschafft Ihnen noch dazu ein paar kostbare Minuten für sich selbst. Auch wenn Sie sich jetzt nicht ganz zurückziehen können, können Sie sich doch geistig an einen ruhigen Ort begeben, während Sie Ihr Baby zugleich stillen oder ihm die Windeln wechseln.

Meditieren Sie, wann immer Sie können

Haben Sie keine Schuldgefühle, wenn Sie jetzt weniger meditieren als früher, weil Ihr gesamter Tagesablauf auf den Kopf gestellt ist. Es ist schwer, sich zu konzentrieren, wenn man zugleich so viel anderes im Kopf hat. Versuchen Sie, sich jeden Tag ein paar Minuten zum Meditieren zu nehmen. Wenn Sie sich von Zeit zu Zeit entspannen, nützt das auch Ihrem Baby.

Wie diese Meditation gemacht wird

In den ersten Tagen nach der Geburt fällt es Ihnen vielleicht leichter, ab und zu eine kleine Pause für eine Mini-Meditation einzulegen, als volle fünfzehn oder zwanzig Minuten Zeit für eine ausführliche Meditation zu finden. Wenn Sie dabei zum Einschlafen neigen, halten Sie Ihren Geist unbedingt wach! Nutzen Sie die Zeit, um Ihre Gedanken und Energien zu konzentrieren. Achten Sie zuerst auf Ihre Atmung: Spüren Sie, wie Ihr Atem durch die Nase ein- und ausströmt, kühl beim Einatmen und warm beim Ausatmen. Lassen Sie Ihre Schultern möglichst locker und nehmen Sie ganz bewusst wahr, wie alle Anspannung vom Kopf bis zu den Zehen aus Ihrem Körper herausfließt.

Dann drücken Sie mit einer Affirmation oder einem Mantra Ihre Gefühle aus — entweder mit Ihren eigenen Worten oder mit einem der folgenden Beispiele:

✳ *Wir sind eins.*
✳ *Om*
✳ *Liebe*
✳ *Mein heiß ersehntes Baby ist da.*
✳ *Ich bin dankbar für mein Baby.*
✳ *Liebe macht alles möglich.*

Sprechen Sie das Mantra oder die Affirmation laut aus, damit Ihr Neugeborenes den beruhigenden Klang Ihrer Stimme hören kann. Konzentrieren Sie sich bei der Meditation auf Ihr Baby. Sollten Sie sich jedoch von Ihren Gefühlen für Ihr Neugeborenes überwältigt fühlen, können Sie sich auch auf etwas anderes konzentrieren — vielleicht auf eine Vase mit Blumen, einen Baum oder ein Mandala.

Was Sie für Ihre Gesundheit tun können

Machen Sie diese Meditation,

◆ *wenn Sie über eine lange oder schwere Geburt hinwegkommen möchten*
◆ *wenn Sie nach einem Kaiserschnitt schnell wieder*
   auf dem Damm sein möchten
◆ *wenn Sie sich sehr erschöpft fühlen*

Jede frisch gebackene Mutter weiß, dass die Freude über ihr Baby nur allzu oft durch Erschöpfung und Unwohlsein beeinträchtigt wird. Häufig müssen Sie Ihre eigenen Bedürfnisse zurückstellen, aber Sie sollten sich doch so oft wie möglich entspannen und ausruhen.

Nach der Geburt kann eine ganze Reihe von Problemen auftreten. Weil die Produktion der Schwangerschaftshormone jetzt zurückgeht, haben Sie so lange mit Müdigkeit zu kämpfen, bis Ihr Körper sich an die neue Situation gewöhnt hat. Vielleicht haben Sie Schwierigkeiten beim Sitzen, weil ein Dammriss oder Dammschnitt vernäht werden musste oder weil durch die Überbelastung der Beckenbodenvenen Hämorrhoiden aufgetreten sind. Die Gebärmutter bildet sich jetzt mit Kontraktionen zurück, die manchmal schmerzhaft sein können. Falls Sie einen Kaiserschnitt hatten, wird die Bauchnarbe eine zusätzliche Belastung darstellen. Sie sollte allerdings innerhalb von drei Wochen verheilt sein.

Damit die Beschwerden Ihnen nicht die Freude an Ihrem Baby verderben, können Sie mit der nachfolgenden Meditation Leib und Seele etwas Gutes tun. Forschungsergebnisse zeigen, dass Schmerz sich durch Meditieren leichter ertragen lässt. Je weniger Sie Ihre Stimmung und Ihr Verhalten von den Beschwerden beeinflussen lassen, desto schneller sind Sie wieder ganz auf dem Damm.

Wie diese Meditation gemacht wird

Versuchen Sie, wenigstens für kurze Zeit eine bequeme Körperhaltung zu finden. Konzentrieren Sie sich auf Ihre Atmung. Nehmen Sie wahr, wie sie mit jedem Ausatmen langsamer und regelmäßiger wird. Schütteln Sie alle Anspannung aus Ihrem Körper und lassen Sie das Kinn locker, damit Sie die Zähne nicht zusammenbeißen. Nehmen Sie Ihren Körper bewusst wahr. Beginnen Sie am Kopf und bringen Sie Kopf, Nacken und Rücken in eine Linie. Lassen Sie die Schultern locker und geben Sie bei jedem Ausatmen ganz bewusst Spannung ab. Gehen Sie so den ganzen Körper durch, bis Sie sich körperlich und geistig entspannt haben.

> **KLEINE SNACKS ZWISCHENDURCH**
>
> Kleine Zwischenmahlzeiten wie etwas Obst, ein Stück Quiche oder Brot halten Sie munter. Gesunde Ernährung unterstützt Ihr Immunsystem, macht Sie weniger anfällig für Krankheiten und bringt Sie in jeder Hinsicht schneller wieder auf den Damm.

Sie können auch einfach Musik hören, die Ihnen gut tut und Ihrem Baby ebenfalls gefällt. Wenn Sie das regelmäßig tun, wird Ihr Baby lernen, dabei ein Nickerchen zu machen, und Ihnen damit Zeit und Ruhe für sich selbst lassen. Sobald Ihr Baby dann schläft, setzen oder legen Sie sich bequem hin und tauchen ganz in die Melodie ein. Versuchen Sie zu erspüren, was der Komponist mit dieser Musik bewirken wollte, und bewegen Sie sich sanft im Rhythmus. Lassen Sie die positiven Schwingungen durch Ihren Körper fließen und alle Schmerzen und Verspannungen auflösen, bis Sie sich ganz erfrischt und voller Energie fühlen.

Sie sind eine gute Mutter!

Machen Sie diese Meditation,

- ◆ *wenn Sie Ihre Erwartungen an die Mutterschaft mit der Realität in Einklang bringen möchten*
- ◆ *wenn Sie sichergehen möchten, dass Sie das Beste für Ihr Baby tun*
- ◆ *wenn Sie Selbstvertrauen als Mutter entwickeln möchten*
- ◆ *wenn Sie sich zur Abwechslung einmal selbst verwöhnen möchten*

Wer die Elternschaft nicht aus eigener Erfahrung kennt, weiß nichts von der überwältigenden Freude über das eigene Baby. Und doch kann die Wirklichkeit Ihrer ersten Wochen als Mutter ganz anders aussehen, als Sie erwartet hatten. Ein lebhaft strampelndes und ständig lauthals nach Nahrung schreiendes Baby entspricht vielleicht ganz und gar nicht Ihrer Schwangerschaftsvision von dem süßen kleinen Bündel, das Sie sanft im Arm wiegen. Womöglich brauchen Sie auch einfach noch Zeit, um eine tiefe Bindung zu Ihrem Kind einzugehen. Vielleicht ist Ihr Baby ja auch schlecht drauf und nur schwer zu beruhigen, weil es Koliken hat.

Nehmen Sie sich Zeit für sich, denken Sie gut von sich, schließen Sie Frieden mit sich und bleiben Sie ganz bei sich.
RUTH FISHEL
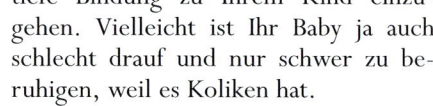

Viele junge Mütter kennen das Gefühl der Unzulänglichkeit – dass sie nichts richtig machen, dass sie nicht genug Geduld aufbringen, dass alles irgendwie schief läuft. Sie sind nicht allein damit! Eine Expertin auf diesem Gebiet betont, dass keine Mutter beim ersten Kind auf Anhieb weiß, wie sie alles perfekt macht. Es braucht Zeit, um das alles zu lernen.

Nur allzu leicht fühlen Sie sich als schlechte Mutter, wenn Sie müde und überdreht sind und Ihnen alles über den Kopf wächst. Aber Sie sind eine gute Mutter! Damit Sie die schwierigen ersten Wochen gut überstehen, müssen Sie sich erst einmal um Ihre eigenen Bedürfnisse kümmern – nur dann können Sie sich auch richtig um Ihr Baby kümmern. Die folgende Meditation kann Ihnen helfen, sich in aller Gelassenheit auf das wirklich Wichtige zu konzentrieren und alles andere links liegen zu lassen.

KÜMMERN SIE SICH UM SICH SELBST

Die Babypflege ist nicht leicht, wenn Sie sich nicht auch um sich selbst kümmern. Stellen Sie alles Nötige für sich und Ihr Baby bereit. Wenn Sie zum Beispiel Ihr Neugeborenes baden, sollte alles in Reichweite sein, was Sie dazu brauchen. Sorgen Sie dafür, dass immer genügend Windeln da sind, damit Sie nicht unnötig unter Stress geraten.

Weitere Tipps für junge Mütter:
- Wenn Sie müde sind, schränken Sie Besuch ein. Jeder versteht, dass Sie jetzt Zeit zum Ausruhen brauchen.
- Seien Sie realistisch – die perfekte Mutter gibt es nicht. Seien Sie einfach Sie selbst und geben Sie Ihr Bestes für Ihr Baby.
- Ruhen Sie sich oft aus. Legen Sie sich hin, wann immer Sie können, und nehmen Sie jedes Hilfsangebot an.
- Nehmen Sie sich öfter mal frei. Meditieren Sie, gehen Sie spazieren, gucken Sie aus dem Fenster – tun Sie etwas nur für sich selbst.
- Essen Sie gut. Viele kleine Snacks halten Sie bei Kräften.
- Laden Sie sich nicht zu viel auf. Vergessen Sie die Hausarbeit, kochen Sie nur einfache Sachen und schalten Sie den Anrufbeantworter ein.

Wie diese Meditation gemacht wird

Nutzen Sie die kostbaren Augenblicke, in denen Ihr Baby schläft oder von Ihnen gestillt wird, als Zeit für sich selbst. Hören Sie beim Meditieren sanfte, beruhigende Musik ohne Gesang, die beim Stillen auch Ihrem Baby gefällt. Machen Sie es sich bequem und nehmen Sie Ihre Körperhaltung und Atmung bewusst wahr. Lassen Sie sich von der Musik durchströmen. Gehen Sie ganz darin auf, in jeder einzelnen Note. Wenn Bilder aufsteigen, lassen Sie sie kommen und gehen. Schweifen Sie aber nicht ab, richten Sie Ihre ganze Aufmerksamkeit auf die Musik und auf die Gefühle, die sie in Ihnen auslöst. Wenn die Musik zu Ende ist, machen Sie sich bewusst, wie sehr Sie sich darauf eingestimmt haben, wie Sie jetzt dasitzen, wie Sie atmen und wie wunderbar entspannt Sie sich jetzt fühlen.

Der Baby-Blues

Machen Sie diese Meditation,

◆ *wenn Sie Panikgefühle und Depressionen überwinden möchten*
◆ *wenn Sie all die neuen Gefühle genauer kennen lernen möchten*
◆ *wenn Sie sich besser an die Veränderungen in Ihrem Körper*
  und in Ihrem Leben anpassen möchten

Es ist gar nicht so ungewöhnlich, wenn Sie sich nach der Geburt Ihres Babys erst einmal niedergeschlagen fühlen. Die Mehrheit der Frauen leidet in den ersten Tagen oder Wochen bis zu einem gewissen Grad am so genannten »Baby-Blues«. Dieser Gefühlszustand äußert sich durch Weinerlichkeit, Irritierbarkeit, extreme Verletzlichkeit, Vergesslichkeit und die Neigung zu starken Stimmungsschwankungen zwischen Euphorie und überwältigender Melancholie.

Als Hauptursache des Baby-Blues gilt die nach der Geburt dramatisch verringerte Hormonmenge im Blut. Wenn diese Hormone sich jetzt innerhalb weniger Tage von dem hohen Pegel während der Schwangerschaft auf ein drastisch reduziertes Maß absenken, hat Ihr Körper kaum eine Chance, sich sofort problemlos umzustellen. Außerdem müssen Sie und Ihr Partner mit der neuen Verantwortung, mit Ihrer Müdigkeit und mit den völlig veränderten Prioritäten in Ihrem Leben zurechtkommen. Meist setzt der Baby-Blues ein paar Tage nach der Geburt ein und dauert etwa zehn Tage. Wenn Sie ein solches seelisches Auf und Ab noch nie erlebt haben, kann es Sie ganz schön verunsichern. Aber das Wissen, dass solche Stimmungsschwankungen ganz natürlich sind und oft vorkommen, wird Ihnen helfen, diese kurze Phase gut zu überstehen.

Etwas Ernsthafteres ist die Wochenbettdepression, unter der manche Mütter leiden. Sie tritt meist vier bis sechs Wochen nach der Geburt auf, kann aber auch erst nach sechs Monaten einsetzen. Anzeichen dafür sind das Gefühl der Hoffnungslosigkeit, Anspannung, Lethargie, Panik und Mutlosigkeit. Die Betroffenen schlafen schlecht, verlieren das Interesse an ihrer Umgebung, sind von bestimmten Gedanken besessen und können sich schlecht konzentrieren. Scheuen Sie sich nicht, um Hilfe zu bitten, wenn Sie unter einigen dieser Symptome leiden. Die Wochenbettdepression ist nicht einfach nur eine Überreaktion auf die Probleme der Mutterschaft, sondern eine körperliche Krankheit, die etwa eine von sechs jungen Müttern betrifft und gut behandelt werden kann. Sie können sich Antidepressiva oder Hormone verschreiben lassen und Ihre Ärztin und Ihre Familie um Unterstützung bitten. Dann tritt die Heilung meist schon innerhalb weniger Wochen ein.

Wie diese Meditation gemacht wird

Visualisierungen sind weit mehr als Fantasiegebilde. Sie helfen Ihnen, sich auf Ihr Innenleben zu konzentrieren, sie rufen positive Bilder hervor und – was am wichtigsten ist – sie verhelfen Ihnen zu Ruhe und Entspannung. (Das Abschweifen in Tagträume ist allerdings keine richtige Meditation.) Der Weg, auf dem eine Visualisierung Ihnen Ruhe und Frieden verschafft, ist dabei wichtiger als das Bild, das letztlich in Ihnen entsteht.

Machen Sie es sich bequem, entspannen Sie sich und lassen Sie mit jedem Ausatmen weitere Spannung aus Ihrem Körper abfließen. Als einfache Visualisierung konzentrieren Sie sich auf etwas ganz Bestimmtes, zum Beispiel auf einen Gegenstand. Beginnen Sie, den Gegenstand, den Sie sich vorstellen, genau zu spüren: seine Umrisse, seine Beschaffenheit, seine Gestalt, seine Dichte. Stellen Sie sich vor, dass Sie zu dem werden, was Sie visualisieren. Wie fühlt sich das an? Forcieren Sie nichts, sondern nehmen Sie nur alles, was Ihnen bewusst wird, aufmerksam wahr. Dann lassen Sie das Bild langsam wieder verblassen und spüren Ihre körperliche und seelische Entspannung.

ALTERNATIVE HEILMITTEL BEI WOCHENBETTDEPRESSIONEN

Neben der körperlich-seelischen Unterstützung durch Familie, Freunde und Ärzte sowie viel Ruhe haben sich auch einige alternative Therapiemethoden bei Wochenbettdepressionen gut bewährt. Suchen Sie qualifizierte Hilfe, wenn Sie an einer dieser Behandlungsmethoden interessiert sind.

✦ Homöopathie: Die Homöopathie regt die Selbstheilungskräfte des Körpers an. Zu den bewährten Heilmitteln gegen die Wochenbettdepression gehören unter anderem: *Natrium muriaticum* gegen Schuldgefühle, Rückzugstendenzen und Verunsicherung, *Pulsatilla* gegen ständiges Weinen und *Sepia* gegen Müdigkeit, Reizbarkeit oder Teilnahmslosigkeit.

✦ Naturheilkunde: Eine gesunde und ausgewogene Ernährung ist von grundlegender Bedeutung für Sie und Ihr Baby. Vielleicht fehlen Ihnen nach der Zeit der Schwangerschaft ja bestimmte Vitamine und Mineralien. Die Naturheilkunde empfiehlt in diesem Fall eine ergänzende Einnahme von Vitamin B (besonders B6), Vitamin C, Kalzium, Eisen und Kalium.

✦ Akupunktur: Eine Akupunkturbehandlung kann Ihren Hormonspiegel, der nach dem starken Anstieg in der Schwangerschaft nach der Geburt drastisch abgefallen ist, wieder ins Gleichgewicht bringen. Sie kann auch die Freisetzung natürlicher antidepressiver Hormone fördern.

Wieder zu Kräften kommen

Machen Sie diese Meditation,

◆ *wenn Sie nach einer langen, mit Stillen und Windelnwechseln verbrachten Nacht wieder Kraft für den Tag brauchen*

◆ *wenn Sie über Ihre Antriebsarmut und Müdigkeit hinwegkommen möchten*

Die ersten Tage der Mutterschaft können sehr anstrengend sein. In dieser Zeit, in der Sie sich von der Geburt erholen und sich Tag und Nacht um Ihr Baby kümmern müssen, sind Ihre Energiereserven schnell aufgebraucht. Wenn man sich aber erschöpft und verunsichert fühlt, ist es manchmal gar nicht so einfach, sich überhaupt noch für irgendetwas zu begeistern, und sei es für ein noch so niedliches Baby. Meditation kann Ihnen wieder zu der körperlichen und seelischen Entspannung verhelfen, die Ihnen durch den ständigen Schlafmangel verloren geht. Versuchen Sie auch, positiv zu denken. Gedanken sind Energie und die Art Ihres Denkens beeinflusst Ihre körperlichen Energiereserven. Denken Sie immer daran, dass diese anstrengende Phase schnell vorübergeht. Ihr Baby wird bald ausgeglichener sein, Sie werden besser schlafen und das Leben mit Ihrem Baby wird Ihnen dann viel mehr Spaß machen.

Meditation setzt Energie im Überfluss frei.
JIDDHU KRISHNAMURTI

Wie diese Meditation gemacht wird

Neugeborene schlafen etwa sechzehn bis zwanzig Stunden am Tag, deshalb sollten Sie eigentlich zwanzig Minuten zum Meditieren finden können. Jede Meditation, so einfach sie auch sein mag, kann Ihre Energiereserven wieder aufladen. Vielleicht möchten Sie einmal Folgendes ausprobieren:

Setzen oder legen Sie sich bequem hin, entspannen Sie sich und konzentrieren Sie sich auf Ihre Atmung. Atmen Sie tief ins Becken hinein und stellen Sie sich dabei vor, dass Sie leuchtend rotes Licht einatmen, das sich in Ihrem Becken, im Rücken und im Gesäß ausbreitet. Beim Ausatmen lassen Sie grauen Nebel aus Ihrem Beckenbereich herausfließen. Atmen Sie so lange rotes Licht in Ihr Becken hinein, bis Sie spüren, dass all der graue Nebel weg ist und der ganze Bereich sich leichter und energiereicher anfühlt. Dann atmen Sie in die Nabelgegend. Stellen Sie sich dabei Ihren Atem als orangefarbenes Licht vor, das sich um Ihre Taille herum ausbreitet. Atmen Sie grauen Nebel aus und orangefarbenes Licht ein, bis Ihr Bauch mit strahlend orangefarbenem Licht angefüllt ist. Jetzt konzentrieren Sie sich auf die Gegend zwischen Nabel und Rippen und atmen gelbes Licht dorthin, dann grünes Licht in Ihren Brustkorb hinein. Atmen Sie himmelblaues Licht in Ihre Kehle und indigoblaues Licht in den Punkt in der Mitte Ihrer Stirn. Zuletzt konzentrieren Sie sich auf Ihren Scheitelpunkt und atmen sanftes violettes Licht dorthin. Wenn alle Körperbereiche in leuchtendem Licht erstrahlen, atmen Sie weißes Licht aus, das Sie ganz umgibt. Dann nehmen Sie Ihre Umgebung allmählich wieder wahr und stehen langsam auf.

Nehmen Sie's leicht

Früher gab es eine »Wochenbettzeit«, in der Frauen mit Ihrem Baby zusammen waren und von anderen Frauen umsorgt wurden. Heute glauben die meisten Frauen, dass so schnell wie möglich alles wieder normal laufen sollte. Aber Sie sollten sich nicht überfordern. Legen Sie sich hin, wann immer Sie können, und versuchen Sie dann zu schlafen, wenn Ihr Baby schläft. Bitten Sie Ihre Familie und Freundinnen um Unterstützung, vergessen Sie ein paar Tage lang das Kochen und Saubermachen und hängen Sie ein Bitte-nicht-stören-Schild an die Schlafzimmertür, wenn Sie Ruhe brauchen.

Auch eine gute Atmung hilft gegen die Erschöpfung. Wenn Sie flach, also nur in den Brustkorb atmen, bekommen Ihre Körperzellen nicht genügend Sauerstoff und Energie. Beobachten Sie, wie Ihr Baby im Schlaf atmet. Babys atmen so tief ein, dass sich mit jedem Atemzug ihr ganzer Brust- und Bauchraum ausdehnt. Versuchen Sie ganz bewusst, die Atmung Ihres Babys nachzuahmen und laden Sie damit Ihre Energiereserven auf – dann werden Sie sich bald wieder ganz wohl fühlen.

Die Stillzeit

Machen Sie diese Meditation,

◆ *wenn Sie Ihrem Baby beim Stillen ganz nahe sein möchten*
◆ *wenn das Stillen so angenehm wie möglich verlaufen soll*
◆ *wenn Sie sich noch ein bisschen mutlos fühlen*

Das Stillen ist der natürlichste und gesündeste Weg, Ihr Baby zu nähren. Es hilft Ihrem Körper, schnell wieder in den Normalzustand zurückzukehren, und versorgt Ihr Baby mit allen Nährstoffen, die es in den ersten Monaten für seine Entwicklung braucht. Die Milch enthält Abwehrstoffe, die Ihr Baby weniger anfällig für Infektionen, Verstopfung und Verdauungsstörungen machen. Außerdem fördert das Stillen den Aufbau einer engen, liebevollen Bindung zwischen Ihnen und Ihrem Baby. Eines der Stillhormone ist auch mitverantwortlich für die überwältigende Liebe einer Mutter zu ihrem Baby. Machen Sie sich aber keine Sorgen, wenn Sie nicht gleich auf Anhieb so reagieren. Genießen Sie einfach das wunderbare Gefühl, wenn Ihr Baby sich bei Ihnen anschmiegt, und freuen Sie sich über die zärtliche Nähe zu diesem ganz besonderen kleinen Menschen.

 Wenn Sie Ihr Baby an Ihrem Lieblingsplatz stillen, werden Sie spüren, wie eine intensive Energiewelle durch Ihren ganzen Körper strömt.
SHEILA KITZINGER

Manchmal fließt die Milch zu Anfang noch nicht ausreichend. Ihre Brüste können schmerzen oder anschwellen und vielleicht saugt Ihr Baby noch nicht gleich richtig. Diese Probleme kommen häufig vor. Lassen Sie sich nicht zu schnell entmutigen! Besorgen Sie eine gute Ersatzmilch und nehmen Sie sich so viel Zeit wie möglich, um Ihrem Baby nahe zu sein.

TIPPS FÜRS STILLEN

Ihre Brüste liefern genug Milch, wenn sie richtig stimuliert werden. Saugen regt die Milchproduktion an. Alle Babys werden mit einem natürlichen Saugreflex geboren, deshalb legen Sie Ihr Baby so früh und so oft wie möglich an.

• Streicheln Sie sanft die Ihrer Brust zugewandte Wange, damit Ihr Baby den Mund öffnet und sich zur Brustwarze hindreht.

• Alle Babys müssen sich erst ans Stillen gewöhnen. Seien Sie geduldig, lassen Sie Ihr Baby die Führung übernehmen und stillen Sie es, wann immer es hungrig ist.

• Singen oder sprechen Sie mit Ihrem Baby, wenn es quengelig oder abgelenkt ist.

• Entspannen Sie sich, denn Anspannung kann den Milchfluss reduzieren. Machen Sie jeden Tag eine Meditation oder Entspannungsübung.

Wie diese Meditation gemacht wird

Diese einfache Meditation kann Spannungen abbauen und Ihre Körperfunktionen wieder normalisieren. Setzen Sie sich wie immer bequem hin und konzentrieren Sie sich auf Ihre Atmung. Sobald Sie sich entspannt fühlen, singen Sie »Ong«. Singen Sie laut und so lange, wie Sie mögen. Spüren Sie dabei die Vibrationen in der Nase und am Gaumen. Atmen Sie nach Ihrem eigenen Rhythmus langsam und tief ein und wiederholen Sie das »Ong«. Verlängern und vertiefen Sie das Einatmen, ohne jedoch nach Luft zu schnappen. Hüllen Sie sich in den Klang des Mantras ein und fühlen Sie, wie ausgeglichen, gesund und produktiv Sie sind. Spüren Sie, dass Sie all das, was die Natur vorgesehen hat, leicht und ohne Anstrengung erfüllen können. Verstärken Sie dieses Gefühl, so dass es alle negativen Empfindungen vertreibt. Singen Sie voller Selbstvertrauen so lange weiter, bis Sie die Meditation beenden möchten.

Wenn Sie diese Meditation noch ausbauen möchten oder glauben, dass eine Affirmation Ihnen helfen kann, sich *während des Stillens* zu entspannen, probieren Sie einen der folgenden Sätze aus:

* *Mein Körper funktioniert perfekt.*
* *Ich kann alle Bedürfnisse meines Babys befriedigen.*
* *Ich sorge gern für mein Baby.*

Jetzt sind Sie eine Familie

Machen Sie diese Meditation,

◆ *wenn Sie zu dritt (oder mehr) als Familie zusammenfinden möchten*
◆ *wenn Sie vergnügt und locker die Babypflege gemeinsam angehen möchten*
◆ *wenn Sie Freude an Ihrer neuen Verantwortung haben möchten*

In dieser ersten Zeit gehen Sie nicht nur eine Verbindung zu Ihrem Baby ein, sondern verbinden sich auch als Familie miteinander. Vielleicht haben Sie das Gefühl, dass in erster Linie Sie für Ihr Baby verantwortlich sind, besonders wenn Sie stillen und Ihr Partner tagsüber arbeiten geht. Allerdings kann sich ein frisch gebackener Vater dann leicht abgeschoben fühlen. Betrachten Sie sich daher besser als Teil einer liebevollen Familie, die alle Verantwortung gemeinsam trägt. Haben Sie Geduld mit Ihrem Partner, der sich vielleicht nicht traut, das Baby zu halten, obwohl er es eigentlich gern möchte. Vielleicht kommt er sich unbeholfen vor und hat Angst, dieses zerbrechliche kleine Wesen fallen zu lassen oder etwas »kaputt zu machen«. Bestärken Sie ihn darin, sich so früh und so ausgiebig wie möglich an der Babypflege zu beteiligen, damit er von Anfang an eine enge Bindung zu Ihrem Kind bekommt. Wenn Sie stillen, können Sie Milch in eine Flasche abpumpen, damit Ihr Partner sich auch einmal ums Füttern kümmern kann. Dadurch gewinnen Sie auch Zeit zur Entspannung und zum Meditieren.

Forschungen an der Universität von Südkalifornien haben ergeben, dass Menschen, die meditieren, glücklicher verheiratet sind als andere Paare. Sie führen ihr Glück darauf zurück, dass sie entspannter, liebevoller und respektvoller miteinander umgehen und sich auch als Individuum weiterentwickeln. Entspannte Eltern haben mit großer Wahrscheinlichkeit auch entspannte und zufriedene Kinder, weil Babys dazu neigen, sich an die Stimmung ihrer Eltern anzupassen.

Wie diese Meditation gemacht wird

Lassen Sie Ihren Partner sich um das Baby kümmern und suchen Sie ein ruhiges, ungestörtes Plätzchen auf. Setzen Sie sich bequem hin, atmen Sie tief und lassen Sie alle Anspannung los. Schließen Sie die Augen und sagen Sie beim Ausatmen leise »Ruhe«. Atmen Sie weiter in Ihrem ureigenen

Rhythmus und sagen Sie bei jedem Ausatmen »Ruhe«. Denken Sie daran, die Affirmation Ihrer Atmung anzupassen – nicht umgekehrt. Sobald Sie sich völlig entspannt haben, beginnen Sie mit der Affirmation »Wir sind eins«. Vielleicht atmen Sie jetzt schon langsamer. Finden Sie Ihren eigenen Rhythmus und sagen Sie bei jedem Ausatmen »Wir sind eins«. Das wiederholen Sie eine ganze Weile. Falls Sie sich nach einiger Zeit nicht mehr richtig auf die Affirmation konzentrieren können, wenden Sie sich einfach wieder Ihrer Atmung zu in dem Bewusstsein, dass Sie die Affirmation jederzeit wieder aufnehmen können. Dann richten Sie Ihre Aufmerksamkeit wieder auf Ihre Umgebung, öffnen die Augen und stehen langsam auf.

Denken Sie daran, dass Sie so eine Affirmation jederzeit aufgreifen können – zum Beispiel beim Stillen, in der Badewanne oder beim Zubettgehen.

Zärtliche Berührungen

Am glücklichsten sind Babys, wenn sie Hautkontakt haben. Knuddeln Sie Ihr Baby und schmusen Sie zusammen mit Ihrem Partner mit ihm – am besten nackt, damit es Ihre Haut riechen und Ihr Herz schlagen hören kann. Forschungsergebnissen zufolge sind Babys, die massiert werden, aufgeweckter, glücklicher und geselliger und schlafen nachts besser. Versuchen Sie, sich jeden Abend etwas Zeit für eine »Familienmassage« zu nehmen. Beginnen Sie damit frühestens eine halbe Stunde nach dem Essen und wählen Sie eine Zeit, in der ihr Baby weder hungrig noch total satt ist, sondern Lust aufs Streicheln hat. Massieren Sie Ihr Baby und einander mit pflanzlichem Öl in einem warmen Raum kurz vor dem Schlafengehen. Das entspannt, macht Spaß und schafft eine tiefe Verbindung zwischen Ihnen allen.

NÜTZLICHE ADRESSEN

Allgemeine Informationen
und weiterführende Links
im Internet zum Thema
www.geburtskanal.de
www.forum-geburt.ch

AKTIVE GEBURT
- Beratungsstelle für
natürliche Geburt und
Eltern-Sein e.V.
Häberlstr. 17, Rückgeb.
80337 München
Tel.: 089/532076

ALLEIN ERZIEHENDE
- Beratung allein erziehen-
der Mütter und
Schwangerer e.V. (BAMS)
Tel.: 06221/419915
- Bundesverband für
Kindesbetreuung in der
Tagespflege e.V.
Tel.: 02159/1377
- Österreichische Plattform
f. allein Erziehende (ÖPA)
Tel.: +43/316/675344
- Schweizerischer Verband
allein erziehender Mütter
und Väter
Tel.: +41/31/3517771

ALTERNATIVMEDIZIN
- Deutsche Gesellschaft für
Alternative Medizin
Großer Garten 4
30938 Burgwedel
Tel: 05139/278101

FEHLGEBURTEN
- Initiat. Regenbogen
»Glücklose Schwanger-
schaft« e.V.
für telefonische Anfragen:
Martina Severitt
(Vorstand),
Tel.: 05565/1364

- Verwaiste Eltern in
Deutschland e.V.
Fuhrenweg 3
21391 Reppenstedt
Tel.: 04131/680 32 32
- Regenbogen Österreich –
Verein zur Hilfestellung
bei glückloser
Schwangerschaft
Mag. Elisabeth Widensky
Canisiusgasse 17/10
1090 Wien
ÖSTERREICH
Tel: +43/1/3191923

HEBAMMENVERBÄNDE
- Bund deutscher
Hebammen
Gartenstraße 26
76133 Karlsruhe
Tel.: 0721/981890
- Bund freiberuflicher
Hebammen Deutschlands
Am alten Nordkanal 10
41748 Viersen
Tel.: 02162/352149
- Österreichisches
Hebammen-Gremium
Postfach 438
1060 Wien
ÖSTERREICH
Tel.: +43/1/5971404
- Schweizerischer
Hebammenverband
Zentralsekretariat
Flurstrasse 26
3000 Bern 22
SCHWEIZ
Tel.: +41/31/3326340

STILLBERATUNG
- La Leche Liga
Deutschland e.V.
Kontaktpersonen unter:
Tel.: 06851/2524
(Bandansage)

REGISTER

Adrenalinspiegel 19
Affirmationen 26ff.
auswählen 27f.
für allein erziehende Mütter
65
für die Gesundheit Ihres Babys
55
für die Wehen 93
für die Wehenatmung 89
für ein positives Körpergefühl
81
für Ihr Baby während der
Geburt 91
für Ihre neue Familie 109
fürs Stillen 107
wenn das Baby da ist 97
Akupunktur 93, 103
Alexandertechnik 71
Allein erziehende Mütter 64f.
Amniozentese 73
Anämie 73
Angewohnheiten ablegen 49
Angst
in der Schwangerschaft 78
Mini-Meditationen gegen die
Angst 45, 73
Stress reduzieren
während der Wehen 86
Antioxidanzien 43
Antoine de Saint-Exupéry 46
Aromatherapie 63, 80, 87
Ätherische Öle 80
Atmung
Achtsamkeitstechniken 24
einfaches Atemzählen 23
Farbatmung 33

Baby-Blues 102f.
Benson, Dr. Herbert 8, 13, 25,
62
Blut
Blutdruck 9, 73
Blutzuckerspiegel 61
Blütenessenzen 87
Brahma Muhurta 18
Brüste, empfindliche 60

Carrington, Dr. Patricia 13, 14
Chiropraktik 71
Chorionzottenbiopsie 73
Chromosomenstörungen 73

Dammschnitt 98
Diabetes 73
Domar, Dr. Alice 44
Down-Syndrom 73
Duftlämpchen 80, 87

Einsamkeit 64
Eins-Atmungs-Methode 13, 25
Eisprung 71
Elektroenzephalogramm (EEG) 9
Empfängnis 42
Endorphine 32, 76
Energie
aufladen 104
konzentrieren 58
Epiduralanästhesie 88, 92
Ernährung
bei Wochenbettdepressionen 103
für die Fruchtbarkeit 43
zur Kräftigung nach der Geburt 99

Fehlgeburt
Angst vor Fehlgeburt 56
Gefahrenzeichen 57
Fishel, Ruth 100
Fruchtbarkeit
Behandlung 44f.
Fruchtbarkeit fördern 42
Meditationen 44, 45
Rauchen 48

Geburt
die beste Umgebung 91
Geburtsfeier 96
im Wasserbecken 91, 93
Vorbereitung für Sie 88
Vorbereitung Ihres Babys 90
zu Hause 93
Geburtsvorbereitungskurse 79

Gefühlskontrolle 62
Gelassenheit 40
Geschlechtsbestimmung 74
Geschlechtsspezifische Krankheiten 74
Gewichtszunahme 80

Halber Lotossitz 8
Hämophilie 74
Hämorrhoiden 98
Harvard Medical School 8, 44
Hausgeburt 93
Homöopathie 87, 103
Hormonbehandlung 103
Hormone 62, 78
nach der Geburt 102
Hypnose 93

Kabir, Sprüche von 55
Kaiserschnitt 88, 90, 98
Kindstod, plötzlicher 49
Kitzinger, Sheila 106
Klinisch standardisierte Meditation (CMS) 13
Kommunikation mit Ihrem Ungeborenen 77
Körperwahrnehmung
Energie konzentrieren 58
körperliche Beschwerden 71
Meditation 52
Körperhaltungen 21
Kortikostereoide 10
Krankenhaus
kleine Hilfen fürs 89
Krishnamurti, Jiddhu 104

Lotossitz 8, 21

Maharishi Mahesh Yogi 13, 40
Mandalas 30
Mantras 25f.
auswählen 25
bei Selbstzweifeln 65
für die Geburt 91, 97
für die Vorsorgeuntersuchungen 73
für die Wehen 93

für Ihre Verbindung zum Baby 77
fürs Stillen 107
Meditation
Körperhaltungen 20f.
Nutzen 7, 10ff.
Techniken 23ff.
verschiedene Richtungen 13
zu zweit 34f.
Menstruationszyklus
regulieren 42
Metta Bhavana 13
Mini-Meditationen
bei der Geburtsvorbereitung 89
bei Fruchtbarkeitsbehandlungen 45
bei Selbstzweifeln 65
für die Empfängnis 41
gegen schlechte Angewohnheiten 49
in Krisenzeiten 47
zum Kürzertreten 59, 79
Morgenübelkeit 60, 61
Morphiumpräparate 92
Müdigkeit 58
Musik
für die Elternschaft 69
für Ihr Baby 77
für Seelenfrieden 63
nach der Geburt 99
während der Geburt 91
Mutterschaft
Selbstvertrauen 100f.
Vorbereitung 86

Nachtschweiß 84
Nackentransparenzmessung 73
Naturheilkunde 103
Natürliche Geburt 93
Nervenschädigungen 73

Osho 7
Osteopathische Behandlung 71

Parasympathisches Nervensystem 10
Partnerschaft
die Beziehung stärken 46
zu zweit meditieren 34f.

Pflanzenheilmittel 87
Plazenta 73
Präeklampsie 11, 73
Progesteron 61
Psychoneuroimmunologie 26
Reflexzonenmassage 87
Rückenschmerzen 70f.
Schlaf 84, 85
Schwangerschaftsbeschwerden 60f., 70f.
Schwellungen 70, 73
Selbstvertrauen 64
Sexualität 46f.
Sodbrennen 60, 70f., 85
Stillen 106ff.
Stimmungsschwankungen 102
Stress 8f.
und Hormone 10
und Schlafmangel 40, 48, 78
und Schlaf 85
TENS-Geräte 92f.
Transzendentale Meditation (TM) 13, 25, 41
Ultraschall 73, 74
Unfruchtbarkeit 10, 45
Verstopfung 70f.
Visualisierungen
am Meditationsende 37

bei Beschwerden 61, 71
bei Stress 79
bei Wochenbettdepressionen 103
Farbvisualisierungen 32
für allein erziehende Mütter 65
für die Elternschaft 69
für die Fruchtbarkeit 42
für die Gesundheit 31
für ein positives Körperbild 81
gegen schlechte Angewohnheiten 49
in Krisenzeiten 47
zum Energieaufbau 59
Visualisierungshilfen 28ff.
Vorsorgeuntersuchungen 72f.

Wasseransammlungen 71
Wasserlassen 71, 73
Wehen
Affirmationen 89, 93
Angst 86, 88, 92
Schmerzerleichterung 93
Vorbereitung 88, 92
Weinerlichkeit 62
Wochenbettdepression 103

Yantras 30

DANKSAGUNG

Illustrationen Joanna Logan, Josephine Sumner

Bildbeschaffung Sandra Schneider

Redaktionsassistenz Dawn Henderson

Designassistenz Sandra Brooke

Bildquellen
S. 3 u. S. 97 Tony Stone Images
S. 8 Images Colour Library
S. 30 Images Colour Library/
    S. Charles Walker Collection
S. 38 Images Colour Library
S. 50 Tony Stone Images
S. 66 The Stock Market
S. 73 Tony Stone Images
S. 77 Bubbles/Jenny Woodcock
S. 79 Tony Stone Images
S. 82 Collections/Sandra Lousada
S. 109 The Stock Market

ÜBER DIE AUTORINNEN

Sheila Lavery ist freiberufliche Journalistin und auf Alternativmedizin sowie auf Gesundheitsfragen für Mutter und Kind spezialisiert. Sie schreibt für zahlreiche englische Zeitungen und Zeitschriften wie *The Express*, *Parents*, *Family Life*, *Zest*, *Here's Health*, *Top Santé* und *Essentials*. Sie ist Autorin mehrerer Bücher, darunter *Aromatherapie* und *The Healing Power of Sleep*.
    Außerdem verfasste sie Beiträge für die *Hamlyn Encyclopedia of Conplementary Health*, die *Illustrated Encyclopedia of Healing Remedies* und *The Complete Family Guide to Alternative Medicine*. Sie ist Mitglied in der »Guild of Health Writers« in Großbritannien.

Pippa Duncan befasst sich seit zehn Jahren mit Gesundheitsfragen, sowohl im konventionellen als auch im Alternativbereich. Sie schrieb *A Parents' Guide to Complementary Healthcare for Children* und veröffentlichte Beiträge in Büchern zum Thema Gesundheit wie *The Illustrated Encyclopedia of Healing Remedies* und *The Complete Family Guide to Alternative Medicine*. Gegenwärtig ist Pippa Duncan Redakteurin bei der englischen Zeitschrift *Parents*. Sie ist Mitglied in der »Guild of Health Writers« in Großbritannien.
    Pippa ist verheiratet und hat zwei kleine Jungen, Jonah und Cameron.